KB138364

우주님의 1분 스파르타

운이 풀리는 행운 수첩

우주님의

1분 스파르타

운이 풀리는 행운 수첩

🌲 나무생각 　　고이케 히로시 지음 · 아베 나오미 그림 · 이정환 옮김

히로시(본명: 고이케 히로시)

2억 원의 빚을 끌어안고 파산이냐 자살이냐 하는 인생의 기로에 서 있던 상황에서 우주님의 인도로 인생이 반전됐다. 빚을 모두 갚고 행복해진 자신의 실화를 책으로도 썼는데, 베스트셀러가 되었다.

우주님

히로시와 우주 사이의 교신 담당자. 벼랑 끝에 몰린 히로시의 외침을 듣고 나타나, 운이 풀리는 비법을 알려준다. 스파르타식 방법으로 고이케의 변화를 이끌어낸다.

히로미(본명: 고이즈미 히로미)

도쿄에 살고 있는 38세 싱글녀. 악덕 IT 회사에서 일하고 있는 신세. 남자 친구에게 매번 돈을 빌려주다 결국엔 배신을 당했다. 빚에 허덕이다 인생의 밑바닥에서 우주님을 만나면서 인생이 바뀌게 된다.

아기 우주님

히로미와 우주 사이의 교신 담당자. 오랜 세월 이어진 히로미의 자학적인 말버릇 때문에 몸이 쪼그라들었지만 원래는 두둑한 배짱을 가지고 있다. 히로미가 변화하면서 아기 우주님도 조금씩 변하기 시작한다.

프롤로그 ____

2억이라는 거액의 빚을 끌어안고 걱정과 고민에 휩싸여
있던 히로시는 어느 순간 '무엇이건 힌트로 삼겠다.'라고
마음먹었다.
길을 오가는 사람들의 자연스러운 대화, 문득 눈에
들어오는 간판, 어깨에 떨어진 새똥까지…. 그 모든 것을
우주가 자신에게 보내는 메시지라고 받아들이고 행동의
실마리로 삼았다.
그렇다! 그런 마음가짐이 '히로시'에게 행운을
되찾아주었다.

우주의 법칙은 단순하다.
우주는 당신의 말버릇에 담긴 '전제 조건'을
증폭시키는 장소다.

소원이 실현되는 구조도 간단하다.

당신의 소원을 우주에 '주문'한 뒤 우주로부터 '힌트'를

얻어 그 힌트에 어울리는 최선의 행동을 하면 된다.

우주는 정말 드라마틱한 방법으로 당신의 소원을

실현시켜줄 것이다.

…응?

우주의 힌트가 뭔지 모르겠다고?

우연히 손에 들게 된 이 책, 이것도 힌트라고 생각해라.

책을 펼친 부분에 씌어 있는 내용이 지금 당신에게

필요한 것, 해야 할 것, 생각해야 할 것이다.

무엇을 보는가에 따라 현실이 바뀌고,

사고방식에 따라 미래가 바뀐다.

1분만에라도 인생은 바뀔 수 있다.

힌트는 당신이 손을 뻗어주기만을 기다리고 있다.

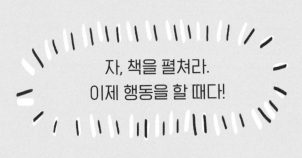

자, 책을 펼쳐라.
이제 행동을 할 때다!

단 1분만으로 바꿀 수 있다

이 책은 '우주님 시리즈'에서 인생 역전을 한 히로시가

빚을 갚기 위해 열심히 뛰어다니던 시절,

우주로부터 얻었던 힌트들을 추출하여 정리한 것이다.

'메시지 북'이라고 불리는 건 좀 낯간지럽고…

그보다는 '조언서'라고 불려도 좋겠다.

당신이 해야 할 일은 공상 속이나 정신세계에서의 방황이

아니다. 두 발로 굳건하게 땅을 딛고 서서 즉시 행동에

나서는 것이다!

지금까지의 자신을 새롭게 바꾸고 싶다면

바뀌겠다고 마음먹는 것, 그것뿐이다.

1분이면 힌트를 얻고 결심할 수 있다.

심각해질 필요는 없다. 단, 진지해져라!

❶ 계시로 사용한다

굳이 장을 선택할 필요도, 차례에 얽매일 필요도 없다. 책을 펼쳤을 때 눈에 들어오는 문장이 지금 당신에게 필요한 계시다. 거기에는 행동 양식이 있고, 사고방식도 있다. 당신 자신에게 필요한 힌트는 누군가에게 얻는 것이 아니다. 직접 책을 펼쳐서 발견하는 것이다. 그런 마음으로 이 책을 펼쳐라!

❷ 복습용으로 사용한다

책을 펼쳤을 때 눈에 들어오는 문장이 지금 당신에게 필요한 내용이라고 했다. 그렇기 때문에 이 책은 굳이 차례를 만들지 않았다. 눈에 들어오는 문장을 그대로 진지하게 받아들이면 된다. '우주님 시리즈' 3권까지 등장한 모든 힌트를 일러스트를 첨가하여 이해하기 쉽게 정리했으니까 그대로 머릿속에 입력하면 된다.

❸ 베개로 사용한다

내 말이 자장가처럼 들리는 사람이라면 이 책을 베개로 사용해도 된다. 나는 대담한 사람을 환영한다. 잠재의식은 꿈을 꾸는 상태와 가깝다. "힌트를 주십시오!"라는 간절한 마음을 가지고 이 책을 베개 삼아 잠들면, 눈을 떴을 때 세상이 바뀌어 있을 것이다.

1

소원은 무조건
'완료형'으로 말해라

소원이
이루어졌습니다!
감사합니다!

흐뭇-

"꿈이 이루어지면 좋겠다."라고?
그런 말버릇이 이끌어주는 건
"이루어지면 좋겠다."라고
끊임없이 바라기만 하는 상황이다.

당신의 말버릇은 어떤가? 말버릇은 '인생의 대전제'다. 당신의 잠재의식이 진심으로 믿고 바라는 것이 무의식중에 입 밖으로 튀어나온다.

"○○가 이루어지면 좋겠는데…."라는 말버릇은 '○○는 이루어질 수 없다'는 현실적인 상황을 인정한 상태에서 바라기만 하고 있다는 것이다.

우주는 말의 진동을 포착하여 그 에너지를 증폭시키는 형태로 현실을 만들어간다. "할 수 없어."라고 말하면 '할 수 없는' 상태가 증폭되고, 결과 역시 당연히 '할 수 없는' 상태로 나타난다. 즉, "○○가 이루어지면 좋겠다."라고 말하면 '○○가 이루어지기를 바라는' 상태가 증폭되고 당연히 결과는 '○○가 이루어지면 좋겠다'고 바라는 상태로 나타난다.

진심으로 인생을 바꾸고 싶다면 무조건 완료형을 사용해야 한다.

"해냈어!", "이루어졌어!"라고.

이 정도는 지금 당장 할 수 있지 않을까?

2
우주의 대답은
항상 'YES'다

우주로 보내는 '주문'은 구체적이고 명확해야 한다.
당신의 주문은 반드시 이뤄지기 때문이다.
만약 이뤄지지 않는다면 주문을 보내는 방법이
잘못되었다는 것이다.

주문을 보냈는데도 소원이 이루어지지 않는다고 답답해하는 사람들의 공통점은 주문이 애매하다는 점이다.

우주에는 '선과 악', '좋음과 나쁨'의 판단이 없다. 우주에 존재하는 것은 단지 'YES'뿐이다. 우주는 진심으로 바라는 것을 현실로 이루어지게 해준다. 여기에는 판단도 없고 선별도 없다. "이렇게 말하고 있지만 본심은 그걸 바라지 않을 거야."라는 식으로, 당신이 진심으로 바라는 것이 무엇인지 헤아려주지 않는다. 단지 그 사람의 말버릇, 즉 인생의 대전제가 현실을 만든다.

커피숍에 갔을 때 "아무거나 주세요."라고 말하는 사람은 없다. 우주도 커피숍과 마찬가지다. 무조건 명확하게 말해야 한다. 당신이 무엇을 원하는지 그 소원을 명확하게 발신해야 우주는 현실로 이루어지게 해준다.

3

결의를 표명하고
기한을 정확히 말해라

이룰 수 없을 것 같은 소원이라도
원하는 것이라면 모두 우주에 주문을 보낸다.
결의를 표명하고 기한을 정하면
우주는 그것을 이루어주기 위해 바삐 움직인다.

소원을 이룬다는 것은 어떤 면에서 보면 기술적인 과정이다. 정신론을 말하려는 것이 아니다. 거기에는 이론과 방법이 존재한다. 이루어지기를 바라는 소원이 있다면 우선 종이에 적고, 본인 스스로에게 결의를 표명하는 행동부터 시작해야 한다.

기한을 정해놓으면 무의식중에 '빨리 시작해야 한다'는 압박감을 느끼게 되고 우주 역시 기한이 정해지면 바쁘게 움직이기 시작한다.

단, "내일 1천만 원이 손에 들어온다."거나 "이번 달 안에 결혼한다."는 식으로 실행할 수 있는 시간을 지나치게 촉박하게 설정하는 주문은 이뤄지기 어렵다.(상급자는 이런 소원도 이루는 사람이 있는데, 이것은 기술의 차이다.)

명확한 주문을 내고 기한을 정한 다음에 행동을 해야 소원이 이루어진다. 이 단순한 구조를 최대한 활용하고 싶다면 작은 주문부터 시작해서 조금씩 기술을 갖춰나가야 한다.

4

절대로 해서는 안 되는
말버릇은 '어차피'다

휴,
어차피

나
따위는…

두두두

"잘될 리가 없어.", "어차피 무리야."
자학하는 말버릇은 절대로 금지다.
이런 말버릇은 인생 게임의 '난이도'를
최고 레벨로 올릴 것이다.

"어차피 무리야.", "그렇게 잘될 리가 없어."라고? 이런 말도 우주로 보내는 확실한 '주문'이다. 일종의 '설정'이라고 보면 된다. 인생 게임의 난이도를 높여 엄청난 고통을 당해야만 주문이 이뤄지게 하는 '설정'이다.

물론 우리는 지구에만 존재하는 부정적인 상황이나 감정도 맛보고 싶을 수 있다. 하지만 히로시처럼 굳이 밑바닥 고통을 겪지 않고도 소원을 이룰 수 있는 방법은 얼마든지 있다.

굳이 불행도 충분히 맛보고 싶다면 말리지 않겠지만, 당신 인생의 전제가 "나는 어차피 불행해."라면 우주는 "주문 접수!"를 선언하고 신이 나서 당신에게 불행만 안겨줄 것이다.

5

소원을 어떻게 이룰지는 우주가 정한다

기껏해야 수십 년에 지나지 않는 당신의 경험들을
우주에 존재하는 막대한 예지와 비교할 수 있을까?
당신은 올바른 주문만 보내면 된다.
어떻게 이룰 것인지는 우주가 정한다.

'이루어질 것 같은 소원', '그다지 어렵지 않은 소원'처럼 작은 소원은 주문하지 않는다. 본인에게 제한을 두지 말고 진정으로 원하는 소원을 그대로 주문해야 한다.

당신이 아무리 '터무니없다'고 생각하더라도 우주는 그것을 충분히 이루어줄 수 있다. '여기에서 이렇게 하고', '이때 누군가를 만나서' 등등, '소원이 이루어질 때까지의 이정표'에 관해서는 참견할 필요가 없다.

예를 들어, 중년의 아저씨가 가수로 데뷔한다는 주문을 보냈다고 하자. 유튜브에서 노래와 춤을 선보였다가 화제가 되어 데뷔하게 되는 경우도 있다.

당신은 단지 명확하게 결정하고 주문만 하면 된다. 거기까지 가는 여정은 우주에 맡긴다. 우주는 늘 저 위에서 우리를 지켜보며 놀라운 방법으로 소원을 이뤄준다.

6

힌트가 떠오른
0.5초가 중요하다

우주에서 보내오는 힌트는
"아!" 하는 느낌이 든 그 순간이 진짜다.
그 후에는 사고 회로에 의해
할 수 없는 이유와 변명만 떠오를 뿐이다.
처음의 힌트를 믿고 즉시 행동으로 옮겨라!

우주에서 보내오는 힌트는 처음 머릿속에 떠올랐을 때가 중요하다. '회사를 그만둘까?', '이 사람과 함께 살면 정말 행복할 수 있을까?'라는 식으로 문득 떠오른 그 생각이 진짜다.

그 후에 '하지만 이 나이에 이직을 하기는… 역시 나쁘지 않은 직장이고 생활비도 당장 필요하고…', '하지만 이 사람도 장점이 있으니까 결혼하는 것도 괜찮겠지.'라는 식으로 생각하기 시작하면, 그것은 결국 행동할 수 없는 이유를 만들어낼 뿐이다.

인간은 변화를 두려워하는 동물이다. 힌트를 외면하고 행동하지 않아도 되도록 힌트를 왜곡시킨다.

그렇기 때문에 우주에서 온 힌트는 첫 느낌이 전부다. 문득 떠올랐다면 굳이 더 생각하지 말고 힌트를 따라 즉각적으로 행동한다. 갑작스럽게 크게 움직이지 않는다 해도 최소한 자신에게 어떤 가능성이 있는지 살펴보는 것부터 시작해라.

7

마음껏 즐기고
진지하게 도전해라

심각하게 생각할 필요 없다. 인생은 게임과 같다.
아무리 밑바닥을 헤맨다 해도 반드시 결말은 있다.
진심으로 도전해라! 진지하게 이 지구를 즐겨라!

지구는 행동하는 별이다. 우주에는 행동이라는 개념이 없기 때문에 행동하고 싶은 영혼들은 지구로 찾아와 마음껏 즐긴 뒤에 우주로 돌아간다. 롤플레잉 게임과 비슷하다.

당신은 시대, 장소, 부모, 형제, 외모를 비롯한 기본적인 환경을 선택해서 지구에 태어났다. 그리고 작은 마을에서 사람들을 만나 하나하나 경험을 쌓고 새로운 마을로 향한다.

강한 적을 쓰러뜨리고 숙명의 적을 대면할 수도 있다. 그런데 처음부터 갑자기 눈앞에 숙명의 적이 나타난다면? 그런 상황은 아무도 즐겁지 않을 것이다.

도중에 게임 수준을 높이면 미로로 된 지하 감옥에 갇혀 오랫동안 헤매는 경험을 할 수도 있다. 하지만 이 또한 다음 단계로 나아가는 힌트다.

인생 게임을 마음껏 즐겨라.

8

기적은 재고가 충분하니
마음껏 주문해라

다른 사람에게 질투를 느낄 필요는 없다.
당신이 원하는 것, 바라는 세상에 품절은 없다!
당신이 진심으로 원하는가, 그렇지 않은가
그것이 중요할 뿐이다.

우주에는 '기적'이 남아돈다. 많은 사람들이 "역시 무리야.", "어차피 나한테는 무리였어."라는 식으로 쉽게 주문을 취소하기 때문이다.

　기적은 우주의 입장에서 보면 당연한 현상이지 특이한 현상이 아니다. 어떤 주문이든 즉각적으로 이루어지는 세계가 우주다.

　사람은 모두 각자의 우주를 가지고 있다. 본인의 우주에 본인이 거주하는 장소가 없을 리 없다. 순수하고 솔직하게 주문을 내고 힌트를 받아 행동으로 옮기면 어떤 소원이라도 반드시 이루어진다.

　우선, 기적을 일으키는 "감사합니다!"라는 말버릇을 갖추고 우주와 연결되어 있는 잠재의식의 파이프를 깨끗하게 만들자. 그리고 소원을 주문한 뒤에는 절대로 취소하지 말자!

9

"감사합니다!"를
5만 번 이상 말해라

지금까지 몇 번이나 강조한
강력한 말버릇 "감사합니다.", "사랑합니다."를
잊어버리지 말고 꾸준히 활용하자.

인생을 호전시키고 싶을 때 최고의 비결은 '당연한' 것을 '실제로' 활용하는 것이다.

나는 지금까지 계속 "감사합니다."라는 말은 '인생을 바꾸는 가장 강력한 말'이라고 주장해왔다.

"뭐, '감사합니다.'라는 말이 좋은 말이기는 하지. 하지만 그 말을 해서 인생이 바뀐다면 불행한 사람이 어디 있겠어?"라는 식으로 빈정거리며 활용하지 않는 사람도 많다. 하지만 그런 사람은 현실이 바뀌지 않아 평생 불평만 늘어놓으며 살게 된다.

반대로 "'감사합니다.'라고 말하는 게 뭐가 어려워. 그래, 모든 일에 감사하자!"라고 하며 당장 실천에 옮기는 사람은 반드시 인생이 바뀐다.

'좋은 말을 들었다'는 선에서 끝내는 사람과 실제로 실행에 옮기는 사람, 인생의 차이는 이 작은 실행 여부로 발생한다.

불안하다고?
지금이 감사를 외칠 때다

다른 사람의 험담을 하고 싶을 때, "감사합니다.",
자신을 원망하고 싶을 때도 "감사합니다.",
우주는 말버릇에 현실을 맞추어준다.

"그 사람 때문에.", "회사 때문에.", "그때 이렇게 했으면…" 등 과거를 후회하는 마음이 들 때나 다른 사람의 험담을 하고 싶을 때, 다른 사람을 탓하고 싶을 때는 반대로 "감사합니다."라고 말한다.

　"감사합니다."라는 말을 할 때 진심으로 감사하는 마음이 없어도 괜찮다. 도저히 감사하다는 생각이 들지 않는 상황이라도 일단 입 밖으로 소리 내어 "감사합니다."라고 말한다.

　지구에서 발생하는 모든 현상은 발신이 먼저고 수신이 나중이다.

　끊임없이 "감사합니다."를 말하다 보면 우주는 그 말에 어울리는 현실을 끌어다주기 때문에 결과적으로 정말 감사한 일이 일어나며, 어느 순간부터 진심으로 "감사합니다."라고 말하고 있는 자신을 보게 될 것이다. 그러니까 이 또한 즉시 실행에 옮기자!

11

올바른 주문은 꼭 이뤄지니
초조해하지 마라

우주는 늘 드라마틱한 기적을 준비하고 있다.
단, 그 기적은 '시차'에 흔들리지 않는
사람에게만 주어진다.
시차야말로 소원 성취의 묘미가 아닌가!

오랜 세월 동안 쌓여온 "나는 할 수 없어.", "이루어질 리가 없어.", "결국 안 될 거야."라는 말버릇은 우주로 보내는 부정적인 주문이다.

긍정적인 주문을 해도 곧 이루어지지 않는 이유는 그동안 쌓인 부정적인 주문의 양만큼 채워져야 하는 시차가 존재하기 때문이다.

돈가스덮밥 100개를 주문한 뒤에 중화요리를 주문했다면 100그릇의 돈가스덮밥이 나와야 비로소 중화요리가 나온다.

하지만 걱정할 것 없다. 올바르게 주문을 했다면 그 시차가 채워진 이후에는 반드시 실현된다. 그러니까 중화요리의 이미지를 머릿속에 떠올리고 즐거운 마음으로 돈가스덮밥을 먹으면 된다.

시차를 견디며 기다리면 된다.

절대로 "역시 나는 돈가스덮밥만 먹어야 하나 봐."라는 식으로 도중에 주문을 취소하는 말은 하지 말아야 한다.

자신을 괴롭히지 말고
먼저 친해져라

올바른 주문을 보냈는데도
소원이 이루어지지 않는다면 우주와
연결된 파이프가 막혀 있기 때문이다.
스스로에 대한 불평불만,
스스로를 괴롭히는 행위는 즉시 그만두자!

우주에 올바르게 주문을 보냈는데도 소원이 이루어지지 않을 때 시차와 함께 생각해야 할 것은 '자신과 친해지기'다.

"나 따위가 무슨!", "역시 안 돼."라는 식의 자학적인 말버릇은 우주와 연결되어 주문을 이루어지게 해줄 파이프를 막아버린다.

자기 원망 때문에 자신의 내부에 존재하는 진정한 '자신'은 스스로를 믿을 수 없게 된다. 소원을 이루려면 먼저 스스로에 대한 신뢰를 되찾아야 한다.

"미안해. 지금까지 귀 기울여 들어주지 못해서."

"고마워. 조금만 기다려줘."

"사랑해. 앞으로는 계속 너와 함께할 거야."

이렇게 스스로를 확실하게 신뢰할 수 있을 때까지 몇 번이고 따뜻한 마음을 전해라.

힘든 상황에서도
"그래, 이뤄졌어!"라고 외쳐라

우주로 보낸 주문은 반드시 실현된다.
단, 우주가 주문을 실현시켜주는 방식은 약간 거칠다.
어떤 경우에도 "해냈어! 이뤄졌어!"라고
소리 높여 외쳐라!

정말로 원하는 미래를 주문하면 우주는 "아, 그런 거야?" 하고 즉시 방향을 설정하고, 운전을 시작한다. 지금까지의 주문이 부정적이었다면 방향을 전환하는 각도가 크고, 그 결과 약간 거친 방식을 사용할 수도 있다.

우리의 소원이 지금의 현실에서 동떨어질수록 우주의 운전은 거칠어진다. "연봉 10억!"이라고 주문을 하는 순간 회사에서 명예퇴직을 당하거나, "행복한 결혼!"이라고 주문을 했는데 연인에게 버림을 받는 식이다. 주문을 보낸 이후에 '도대체 왜?'라는 의문이 드는 상황이 잇따라 발생하기도 한다.

그 이유는 간단하다. 현재 근무하고 있는 회사에서는 원하는 연봉을 받을 수 없고, 현재 만나고 있는 연인으로는 행복한 결혼생활을 할 수 없다는 사실을 우주가 잘 알고 있기 때문이다.

따라서 원하는 결과를 정하고 주문을 보냈으면 이후에는 우주를 믿고 머릿속에 떠오르는 모든 생각을 행동으로 옮기면 된다.

기한이 지났다면
"이자가 붙었어!"라고 외쳐라

소원이 이루어지지 않았을 때의
말과 행동이야말로
소원을 실현시키는 갈림길이다.
기한이 지나면 이자가 붙는다는 사실을 잊지 말자.

기한까지 소원이 이루어지지 않아 낙담 끝에 포기해 버리는 사람들이 너무 많다.

잘 생각해보자. 지금까지 줄곧 부정적인 주문만 보내고 있다가 정반대인 긍정적인 주문을 보낼 경우, 우주가 그 주문을 이루어지게 해주려면 당연히 준비가 필요하다.

만약 기한 안에 소원이 이루어지지 않았다면 이후에 더 큰 행운이 들어올 것이다. 돈도 마찬가지다. 기한까지 들어오지 않는다면 이자가 붙는다.

따라서 "아, 기한이 지났는데 소원이 이루어지지 않았어. 이제 틀린 거야."라는 식의 최악의 주문은 절대로 하면 안 된다.

"그래! 내 소원은 이자까지 붙어서 이루어진다!"라고 외쳐라. 그리고 "좀 더 많은 아이디어를 얻고 싶어."라고 우주에 주문하고 행동을 지속해라. 우주는 언제나 당신을 지켜보고 있다.

상대와 연결되는 비법,
'사랑의 빔'을 쏘아라

사랑하는 사람은 물론이고
상대하기 거북한 사람들과도
친밀한 인간관계를 만드는 비법은,
상대의 미간을 향해 마음속으로
'사랑의 빔'을 쏘는 것이다.

좋은 인간관계를 만들어주는 비밀 기술이 있다. 바로 '사랑의 빔beam'이다.

"사랑합니다."라는 말에는 자신의 마음과 영혼을 사랑하게 만드는 힘이 있다. 그리고 이 말은 어떤 상대에게도 효과적이다.

반항기의 아들, 불평만 늘어놓는 부모, 자신을 존중해주지 않는 연인, 직장의 골치 아픈 상사나 동료를 향하여 사랑의 빔을 쏘아보자! 즉각적으로 효과가 나타나지 않더라도 그 사람과의 관계성은 서서히, 하지만 확실하게 바뀔 것이다.

회의에서도, 취직이나 수험 면접에서도, 다른 사람 앞에 나서야 할 때에도 상대를 향해 사랑의 빔을 쏘자.

사랑의 빔을 맞은 상대는 당신의 가장 큰 아군이 된다. 상대를 자기 자신이라고 생각하고 사랑의 빔을 쏘아라. 그가 내 사람이 될 것이다. "사랑합니다."라는 이 말은 우주에서 행복이라는 기적을 불러들이는 공통어다.

드림 킬러와의
싸움에서 이겨라

우주에 소원을 주문하면
주문이 진심인지 아닌지 확인하기 위해
드림 킬러가 나타난다.
흔들리지 말고 "YES!"라고 외쳐라.
그러면 우주도 당신을 응원하기 시작한다.

지금까지 자학적이었던 사람이 갑자기 우주를 향해 긍정적인 주문을 보내면 당신의 주문을 차단하려 하는 사람들이 나타난다.

"그 나이에 그건 무리지."

"무슨 꿈같은 소리를 하고 있어. 현실을 보라고."

"설마 진심으로 그런 생각을 하는 건 아니겠지?"

다양한 비판이 날아온다. 하지만 이때가 기회다! 당신과 같은 스테이지에 있던 사람들이 당신 혼자만 더 좋은 스테이지로 가게 할 수는 없다는 생각에 앞길을 막는 것이기 때문이다.

즉, 그것은 소원이 이루어질 것이라는 암시다. 그리고 주문을 보낸 이후에 비판의 목소리가 잇따른다면 그것이야말로 우주가 보내는 응원의 신호다.

자신감을 가지고 드림 킬러에게 "YES!"라고 대답해라. 주변의 눈치를 보지 마라. 뒤를 돌아보지 마라. 당신은 앞만 보고 행동하면 된다!

17

자신에게 가장 강력한
아군이 되어라

"저 사람보다 못생겼어.",
"저 사람보다 능력이 없어."라고?
유감스럽지만 그런 생각은 모두 환상이다.
애당초 여기는 당신의 우주다.
모든 것은 당신을 중심으로 돌아간다.

"나는 자신감이 없어.", "가능할 것 같지 않아."라고? 이건 이상한 주문과 시나리오를 설정하는 말이다.

당신의 우주니까 당연히 당신이 우주 최고의 존재다. 본인에 대한 트집이나 잡고 있을 한가한 시간이 있다면 지금 당장 우주 최고인 자신이 어떻게 이 지구를 즐길 것인지를 생각해라.

당신이 당신 편이 되어주지 않는다면 대체 누가 당신 편이 되어줄까? 자신의 인생을 소중하게 여기고, 자신을 믿고 진심으로 응원해야 한다.

"하지만 나는 남들보다 능력이 뒤지는데 주연은 도저히…"라는 식으로 본인의 인생 드라마에서 조연이나 단역을 할 생각을 가지면 안 된다.

당신은 주연이고 응원단장이고 감독이고 연출가이고 각본가다. 당신의 우주는 당신을 중심으로 돌아간다.

한 걸음만 나가면
밝은 빛이 있다

아직 보지 못한 행복보다
이미 알고 있는 불행에 얽매여서는 안 된다.
익숙한 환경이 안전하다고?
아니다! 한 걸음만 내디디면 빛이 있다!

모든 일은 거꾸로 생각하면 매우 단순하고 이해하기 쉽다. 지금까지 인생이 바람직하게 풀리지 않았다면 당신의 상식과 반대되는 쪽을 선택해라.

'한 치 앞은 어둠'이라고? 천만에, '한 치 앞은 빛'이다. 우주를 향해 소원을 주문하면 반드시 빛나는 미래가 현실로 나타난다. 이것은 분명한 사실이다.

미래가 두려워 앞으로 나아갈 수 없다고? 한 치 앞이 빛으로 환하게 둘러싸여 있다는 사실을 잊지 말아야 한다. 그 사실을 알면 용기 내어 발을 내디딜 수 있다.

만약 다른 사람의 상식을 기준으로 살아가는 현실에서 행복감을 느낄 수 없다면, 지금이야말로 당신의 소원을 중심축으로 삼아 움직이는 방식으로 모든 것을 전환해야 할 때다.

"만약 잘되지 않으면….''이라는 말이나 생각은 금물이다. 빛나는 일상은 스스로 만들어내는 것이다. 스스로 만들어내라!

19

행동하지 않기 위한
변명은 당장 멈춰라

자, 달리자!

"돈이 생기면 해야지.",
"시간이 나면 해야지."는 변명일 뿐이다.
돈과 시간이 주어지더라도 절대로 하지 않을 것이다.
지금 당장 해야 한다! 무조건 실행해라!

행동하지 않기 위한 변명으로 사용하는 마약 같은 말버릇들이 있다. "언젠가 해야지.", "돈이 생기면 해야지.", "시간이 나면 해야지.", 바로 이 세 가지다.

이런 말버릇을 가지고 있는 사람은 설사 돈이 쌓이고 시간이 남아돈다고 해도 또 다른 변명을 생각해내고 역시 실행하지 않는다. 그리고 죽는 순간에 "그걸 하지 못했어!"라고 한탄하며 눈을 감는다.

다른 사람의 말을 듣고 '좋아! 나도 해보자!'라고 생각했는데 결국 실행에는 옮기지 않는 사람도 많이 있다. 생각해보자. 돈이 없어도 외국으로 이민을 가겠다는 꿈을 실현시키는 사람이 있고 숨을 못 쉴 정도로 바빠도 자격증 취득에 도전하는 사람이 있지 않은가.

돈이나 시간은 기다리는 것이 아니라 만들어내는 것이다. 무엇인가 부족하더라도, 아무리 불가능해 보이는 주문이라도, 이룰 수 있는 방법은 반드시 있다.

20

다른 사람을 의식한
'가짜 주문'을 내지 마라

"다른 사람들이 부러워하는 사람이 되고 싶어.",
"멋지다는 말을 듣고 싶어."처럼 다른 사람을 기준으로
설정하는 '가짜 주문'은 내지 마라.
"내가 진심으로 행복할 수 있는 건 뭘까?"라는
기준에서 벗어나지 마라.

우주에 주문을 보내고 필사적으로 실행에 옮기고 있지만 뜻대로 풀리지 않고 즐겁지도 않다면 그 주문이 진심으로 당신이 바라는 주문인지 생각해보자.

만약 주문을 보내고 실행에 옮기고 있는데, 도저히 의욕이 일지 않거나 몸이 뜻대로 움직여주지 않는다는 느낌이 든다면 그것은 누군가의 기대에 부응하기 위해, 좋은 평가를 듣기 위해 보낸 주문일 가능성이 높다. 즉, 다른 사람의 눈을 의식한, 다른 사람의 기준으로 정한 '가짜 주문'이다.

진짜 주문은 그것이 이루어진 장면을 생각하는 것만으로 행복해지고 의욕이 충만해서 자기도 모르게 몸이 바쁘게 움직여진다.

다른 사람의 기대 따위는 무시해라! 내가 진심으로 행복할 수 있는 것이 무엇일지 생각하고 그 기준에서 벗어나지 마라.

21

스피리추얼?
철저하게 현실을 살아라

스피리추얼하게 산다는 것은 오히려
철저하게 땅을 딛고 서서 행동하는 것이다.
마법처럼 소원이 이루어진다고?
그것은 환상이다!

'스피리추얼spiritual'이라는 말은 오해하기 쉽다. "힘들 때는 기도를 한다."라는 말처럼 아무것도 하지 않고 인생을 바꾸려는 사람들이 늘어나고 있다.

하지만 스피리추얼은 본래 매우 현실적이다. 추상적인 세계가 아니라 논리적이고 이해하기 쉬운 세계다. 눈에 보이지는 않지만 확실히 이 우주에 존재하며, 매우 신기한 것이기도 하다. 인간이 공기를 흡입하고 살아가는 것과 똑같다.

우주에 주문을 보내고 행동을 하면 현실이 되어 나타난다. 매우 이해하기 쉬운 시스템이다. 그렇기 때문에 "어떻게든 바꿔 봐야지."라고 말하면서 실행을 하지 않는다면 바뀌는 것은 아무것도 없고 소원 역시 이루어지지 않는다.

진정한 스피리추얼은 땅에 두 발을 딛고 서서 철저하게 현실을 사는 것이다.

22

고민하고 있다고
변명하지 마라

고민하는 사람이 행동하지 못하고
고민에서 빠져나오지 못하는 이유가 있다.
고민하느라 바빠서 행동할 시간이 없다는 것이다.
바꿔 말하면, 고민할 시간이 남아돌 만큼
한가한 사람이라는 뜻이다.

고민하는 사람은 사실 한가한 사람이다. 동시에 엄청나게 바쁘다. 하루 종일, 일어나 있는 시간 내내 고민만 하고 있으니까.

그렇다면 왜 고민을 하는 것일까? 고민을 하고 있으면 행동하지 않아도 되기 때문이다. 고민하고 있다는 사실을 이유로 내세워 행동하지 않아도 되는 그럴듯한 구실을 찾는 것이라고 할 수 있다.

그런 당신이 해야 할 일은 단 한 가지다. 우선 고민을 그만두고 한가해져야 한다. "한가해지면 다시 고민을 하게 된다."고? 그건 자신의 내부에 공간이 형성되는 것을 두려워하기 때문이다. 즉, 고독하기 때문에 고민으로 덮어버리려는 것이다.

일단 한가해져라. 그리고 한가함이 두렵게 느껴진다면 "감사합니다."를 중얼거려라. 그 말을 하고 있는 동안에는 고민할 수 없을 것이다. 그러는 사이에 우주로부터 힌트가 주어진다.

23

인생을 바꾸는 사람은
당신 자신이다

"그 사람이 변해준다면⋯.",
"이 회사가 문제가 있어서⋯."라는 식으로
외부에서 원인을 찾는 한 불행은 계속된다.
하지만 자신이 바뀌면 세상이 바뀐다.

다른 사람의 언행을 마음에 들어하지 않거나 "○○가 좀 더 ○○라면…", "그 사람이 나를 힘들게 만드는 거야." 라는 식으로 말하는 사람이 있다.

뭔가 뜻대로 풀리지 않는 이유나 발생한 문제의 원인을 다른 사람이나 외부 환경 탓으로 돌리는 한, 행복은 멀어지기만 한다.

당신이 존재하는 곳은 당신의 우주다. 모든 것은 당신이 거울을 통하여 비추어내는 세상이다. 당신이 바뀌지 않는 한, 사람들도 바뀌지 않는다.

누군가 대신해주기를 바라거나 다른 사람 탓이라는 생각이 들 때는, 마음속의 진정한 자신이 "바뀌고 싶어!" 라고 도움을 요청하며 비명을 지르고 있는 것이다. 그런 진심을 계속 무시했기 때문에 현재와 같은 상황과 환경이 만들어졌다.

지금이야말로 자신의 목소리를 듣고, 자신과 약속하고, 자신의 기대에 어울리는 말과 행동을 실천해야 한다.

24

당신이 행복하지 않으면
누구도 행복할 수 없다

당신이 살고 있는 우주는 당신의 우주다.
누군가의 행복을 바라는 것 이상으로
우선 당신 자신이 행복해져야 한다!
"나는 행복해질 것이다."라는 각오가 현실을 바꾼다.

어린 시절, 불행해 보이는 부모를 보고 자란 아이는 "나만 행복해지는 건 부모님께 죄송해."라고 생각하기 쉽다. 언뜻 가족을 생각하는 것처럼 보이지만 사실은 크게 잘못된 생각이다.

당신이 불행한데 행복할 수 있는 사람은 아무도 없다는 사실을 알아야 한다. 나아가 당신이 행복해지지 않는 한, 불행의 연쇄는 계속 이어진다.

"부모님은 불행한데 나만 행복할 순 없어."라는 믿음이 성공을 거부하고, 부모님을 안심시키겠다는 생각이 결과적으로 부모님을 언제까지나 걱정 속에 살게 만든다.

지금 가족이나 친구 등 주변에 있는 사람들이 불행하다면 그 원인은 당신이 불행하기 때문이다. 우선 당신이 행복해져야 한다! 행복해지겠다고 결심해라!

25

반경 10미터 안부터
행복하게 만들어라

나를 둘러싼

사람들부터!

TV 뉴스를 보고 분노할 상황이 아니다!
먼 나라의 불행한 사건에 분노하기보다,
자신과 자신의 반경 10미터 안의
행복을 위해 행동해라.

지금은 과학이 지나치게 발달해서 우리는 지구 반대편의 정보까지 실시간으로 확인할 수 있게 되었다.

　TV나 인터넷을 통해서 먼 나라의 불행한 소식도 얼마든지 보거나 들을 수 있다. 이런 정보의 파도 속에 지나치게 빠져들면 자신과는 아무런 관계도 없는 문제로 늘 누군가를 심판하고 분노하여 불행한 말버릇과 주문만 되풀이하게 된다. 그리고 자신의 인생에도 그런 불행한 사건이 발생할 것이라고 착각하게 되어 불안감이 끊이지 않는다.

　당신은 당신을 중심으로 반경 10미터 범위 안에만 집중하면 된다. 자신과 자신의 손이 닿는 주변 사람들의 행복을 바라며 우주에 그 주문을 보내고 행동해야 한다. 전 세계의 모든 사람들이 이렇게 한다면 세계 평화는 몇 초 만에 실현될 것이다.

26

상대를 바꾸고 싶다는 건
어리석고 오만한 생각이다

"아이가 걱정이에요.", "남편이 너무 무뚝뚝해요.",
"그런 부모 밑에서 자랐으니까 불행하죠.",
이런 식으로 누군가를 원망하며 상대를 바꿀 생각을
하고 있나? 즉시 자신부터 바꿔라.
'자신을 돌아보지 않는 것'이 가장 무섭다.

다른 사람들 걱정만 하고 그들을 보살피는 데 열을 올리고 있는 한, 자기 자신은 영원히 돌아볼 수 없다.

　그리고 사실 자신이 받고 싶은 것을 상대에게만 해주다 보면 본인을 위한 행동은 하지 않게 되어 마치 자신만이 착취를 당하고 있는 것처럼 느낀다. 결국 자신이 원하는 것을 자신에게 받고 있는 상대에게 질투심을 느끼는, 이해하기 힘든 상황도 발생한다.

　애당초 상대를 바꾸겠다, 상대를 변하게 하겠다는 것 자체가 어리석고 오만한 생각이다.

　당신이 바꿀 수 있는 것은 당신뿐이다. 당신을 보살펴주고 당신에게 신경을 쓸 수 있는 사람 역시 당신뿐이다. 자신을 무시하거나 소홀히 하지 말고 자신의 목소리를 들어야 한다. 스스로를 보살펴주어야 한다.

27

대우 받기를 원하면
상대부터 대우해라

거울 속의 자신이 웃어주기를 바란다면
자신이 먼저 웃는 수밖에 없다.
우선 자신을 정중하게 대하고
상대 역시 정중하게 대해라.
그러면 상대도 당신을 정중하게 대한다.

"남편이 함부로 대해서 화가 나요!"

"아이가 말을 듣지 않아요."

"상사가 불평만 해서 못 견디겠어요."

하지만 이것은 상대의 문제가 아니다. 이렇게 생각하는 근원은 지금까지 살아온 당신의 인생에 있다.

어린 시절, 소중한 대우를 받지 못했거나 자신의 행위를 존중받지 못했거나 불평만 듣고 자란 마음의 상처가 지금까지 치유되지 않아 성인이 된 지금도 남아 있는 것이다. 즉, 그 분노나 슬픔을 눈앞에 있는 상대에게 해소하는 것이다.

하지만 그래서는 현실이 바뀌지 않는다. 어린 시절에 소중한 대우를 받고 싶었던 것처럼 먼저 자신을 소중하게 대해라. 그렇게 하면 상대도 소중하게 대하게 되고 상대 역시 자연스럽게 당신을 소중하게 대할 것이다. 현실은 그런 식으로 바뀌는 것이다.

28

우울할 때는 최대한 빨리
밝은 기분을 되찾아라

좋은 일이 있어서 기분이 좋은 것이 아니다.
기분이 좋기 때문에 좋은 일이 발생한다.
우주는 늘 '근거'를 찾아
거기에 어울리는 현실을 안겨준다.

사람은 인생을 즐기기 위해 희로애락이라는 감정을 가지고 태어난다. 기분 나쁜 일이 있으면 화를 내고 싶어지고, 사소한 문제 때문에 슬퍼지기도 한다. 그것이 자연스럽다.

우울한 느낌이 들 때에는 조용히 마음의 휴식을 취한다. 자신에게 "그래, 지금 화가 난 거지?" 하고 마음껏 감정을 드러낼 수 있도록 허락하는 것도 좋은 방법이다.

그리고 마음이 행복한 날은 좋은 말을 하고 밝게 행동한다. 활기 있게 행동하고 있을 때에는 "그래, 좋아! 정말 즐거워! 나는 최선을 다하고 있어!"라고 스스로를 칭찬해주어라. 그러면 우울함을 느끼는 빈도와 횟수도 조금씩 줄어들 것이다.

가장 좋지 않은 것은 "우울한 기분이 들면 안 돼."라고 우울한 상태에 빠져 있는 자신을 부정하거나 원망하는 것이다. 사람이다. 우울한 기분이 들 때도 있고 침울한 상태에 놓일 수도 있다. 단, 최대한 빨리 밝은 기분을 되찾아라.

29

부정적인 자신에게도
고맙다고 말해라

분노, 걱정, 불안, 낯가림….
부정적으로 느끼는 성질은 자기방어를 위한 갑옷과 같다.
이런 갑옷은 "고마워!"라는 감사와 함께
때가 되면 벗어야 한다.

"이상할 정도로 걱정이 많아요."

"어떤 일에 괜히 초조해지고 화가 나요."

"사람들과 어울리는 데 시간이 많이 걸려요."

언뜻 부정적으로 보이는 자신의 성질은 어린 시절 당신을 둘러싼 환경에서 살아남기 위해 당신이 몸에 갖춘 수단이다. 그 수단 덕분에 당신은 성인이 될 때까지 살아남을 수 있었다.

그런 자신을 지켜준 갑옷이 지금 어딘가 모르게 무겁게 느껴지거나 위화감이 느껴진다면 성인이 된 당신에게는 그 갑옷이 어울리지 않는다는 뜻이다.

그렇다고 원망할 필요는 없다. "지금까지 나를 지켜줘서 고마워. 도와줘서 고마워."라고 진심으로 감사의 말을 전하고 "이제 괜찮아. 이제부터는 내가 스스로를 지킬게." 하고 갑옷을 벗어버려야 한다.

원망보다는 감사! 이것이 우주의 철칙이다.

30

당신이 주인공이니
비겁하게 도망치지 마라

당신의 인생에서는 당신이 주연이고 감독이다.
비겁하게 도망쳐서 다른 사람에게 주연을 빼앗겨서는 안 된다.
당신의 인생 영화이니까 시나리오는
당신 마음대로 바꾸면 된다!

우주에서 볼 때 지구는 영화의 세계다.

영화를 보고 있는 사람은 아무리 아슬아슬하고 터무니없는 해프닝이 발생해도 반드시 해피엔딩을 향하고 있다는 사실을 알고 있기 때문에 편하게 즐길 수 있다. 한편 영화 속에 등장하는 사람은 그것이 현실이라고 생각하기 때문에 달관한 모습으로 살 수는 없다.

당신은 그 영화의 주인공이다. 조연도 아니고 하물며 엑스트라는 절대로 아니다. 당신을 위해 준비된 각본과 당신을 위한 무대, 그리고 감독 역시 당신이다.

당신이 원하는 대로 얼마든지 영화를 만들 수 있다. 어드벤처? 서스펜스? 그게 마음에 든다면 그런 영화를 만들어 즐기면 된다.

당신이 원하는 영화를 당신 마음 내키는 대로 얼마든지 바꿀 수 있다는 사실을 깨달아야 한다. 인생 대역전을 다룬 영화, 그것도 통쾌하지 않은가!

31

주문을 보내면
그에 따른 능력이 주어진다

"강연을
잘했다."라고?

OK!
설정해두었어!

현재 자신의 능력을 기준으로
함부로 주문을 제한하지 마라.
우주로 보내는 주문에 제한 따위는 없다.
과감히 주문을 보내고 활기차게 행동해라.

우주에 소원을 주문할 때 '가볍고 쉬운 주문'을 보내는 사람이 있다.

"내가 연봉 10억 원을 받는 것은 무리니까 1억 원 정도의 주문을 내자.", "나는 다른 사람 앞에서 말하는 게 서투르니까 사회자는 무리일 거야."라는 식으로 함부로 자신의 한계를 정하고 주문을 낮추면 안 된다.

당신에게 그 능력이 없다고 해도 주문만 올바르게 보내면 그에 맞는 능력이 주어지고 활력이 끓어오른다. 우주가 가장 적합한 환경과 상황을 설정해서 예상하지 못한 방법으로 주문을 이룰 수 있도록 해줄 것이다.

가장 잘못된 것은 자신의 한계를 가정하고 그 범위 안에서 주문을 보내는 것이다. 우주의 힘, 당신 자신의 힘을 과소평가하지 마라!

32

책임지겠다고 다짐하면
오히려 자유로워진다

책임은 무서운 것도 두려운 것도 아니다.
당신이 짊어져야 할 것은
무슨 일이 일어나도 있는 그대로 받아들이고
나 자신을 행복하게 만든다는 책임감이다!

사실 책임을 지는 쪽이 편하다. "내 인생은 내가 책임지는 거야."라고 결정하는 순간, 시야는 넓어지고 인생을 마음껏 맛볼 수 있는 용기가 끓어오른다. 모든 것은 자신의 뜻이고 책임 역시 모두 자신에게 있기 때문이다.

책임을 진다는 생각을 가지고 있으면 실패를 하거나 다른 사람에게 비판을 받아도 신경 쓰지 않게 된다.

인생의 책임을 진다는 것은 정말 즐거운 행위다. 책임 지는 것을 두려워하는 이유는 실패에 대한 공포 때문이다. 어린 시절에 "확실하게 해.", "틀리면 안 돼."라는 말을 들었던 경험이 두려움의 근거일 수도 있다.

하지만 "무슨 일이 있어도 내 인생에서 일어나는 모든 일은 내 책임이야."라고 마음을 정하면 사람은 바뀔 수 있다. 다른 무엇으로도 대체하기 어려운 진정한 자유는 책임이라는 이름 아래에서 확대된다. 이제 당신도 자유로운 사람이 되어라!

33

도중에 판단하지 말고
목표를 봐라

"나는 이제 틀렸어.",
"내 꿈은 역시 이루어지지 않아."라고?
애써 보낸 주문을 바뀌게 하지 마라.
당신의 목표만을 봐라!

인생은 주사위놀이와 같다. 당신이 '목표'를 설정하고 주문을 보내면 그 목표까지 가는 과정에는 다양하고 드라마틱한 사건들이 준비된다.

목표 설정이 불행하면 도중에 작은 성공을 거두거나 극적으로 연인을 만나더라도 결국 본래의 자신으로 돌아가버린다. 반대로 목표가 행복하게 설정되어 있다면 도중에 파산을 하거나 이혼을 하더라도 마지막에는 반드시 행복과 연결된다.

그렇다. 주사위놀이처럼 도중의 정착지가 보이지 않아 어떤 사건들이 발생할지 알 수 없지만 목표만큼은 스스로 정할 수 있다. 그리고 목표를 정했으면 그 과정에서 어떤 일이 발생하더라도 결코 흔들리지 말아야 한다. 도중에 함부로 목표를 변경해서도 안 된다.

인생의 주사위는 당신이 던지기 나름이다. 몇 번이고 자신감을 가지고 던져라!

어떤 사람으로 보이는지가
중요한 게 아니다

남들이 부러워하는 사람이
되고 싶다는 생각은 위험하다.
사람들의 눈길에 현혹되지 마라.
자신에게서 눈을 떼지 마라.

'남들에게 이렇게 보이고 싶어.'라는 식으로 다른 사람의 관점으로 주문을 하면 안 된다. 그것은 당신의 진정한 소원이 아니기 때문이다.

주문은 세상의 평판이나 다른 사람의 시선이 아닌 당신이 정말로 '이렇게 되고 싶다.'라고 생각하는 것이어야 한다. "의류 판매업을 한다니 멋있네."라는 말을 듣기 위해 의류 판매 사업을 시작해서 그 결과 2억 원이라는 빚을 진 히로시가 좋은 예다.

애인을 선택할 때에도 외모를 보고 선택하는 것이 반드시 나쁜 것은 아니지만 "내 애인이 이렇게 멋진 외모라면 남들한테 자랑할 만하겠지."라는 식으로 다른 사람의 시선을 의식한 선택이라면 나를 행복하게 해줄 수 없다.

반대로 "누가 뭐라고 해도 나는 이 사람의 얼굴이 마음에 들어."라는 마음에서 선택한 거라면 OK다. 자신이 진심으로 "이 사람과 있으면 정말 행복할 수 있어."라고 생각하는지, 자신의 진정한 마음부터 확인하고 그것을 기준으로 삼아야 한다.

35

기적 쌓기 놀이로
기적 늘리는 연습을 해라

기적을 체험한 적이 없는 사람에게
갑자기 커다란 기적이 일어나면 믿기 어렵다.
그러니 작은 기적을 만들어 자주 체험해라!

기적을 일으키고 싶다면 우선 작은 기적을 주문하는 것부터 시작한다. 이른바 '기적 쌓기 놀이'다.

오늘 보고 싶은 숫자나 좋아하는 자동차, 좋아하는 색깔, 그것들을 주문한 뒤에 외출한다. 그렇게 하면 반드시 그 숫자, 자동차, 색깔이 눈에 들어온다.

"하지만 그건 그 숫자나 색깔을 하루 종일 찾고 있기 때문이 아닌가?"라고 의심할 수 있다. 그렇다. 맞다! 명확한 주문을 하면 원하는 결과를 발견하게 된다. 원래 그 능력은 누구나 갖추고 있다. 이것은 마법도 아니고 억지도 아니다.

기적은 거기에 존재하는 것을 확실하게 볼 수 있는가, 그렇지 않은가에 의해 펼쳐진다. 그러니까 지금 당장 실천해보자!

36

문제가 있으면
해결 방법도 따라온다

문제가 생겨서 곤란할 때야말로 집중해야 한다.
해결 방법도 반드시 따라오게 되어 있다.
우주에는 문제와 해결 방법이
세트로 존재하기 때문이다.

롤플레잉 게임을 하다 보면 어떤 사건이 발생한다. 그럴 경우, 당신은 문제를 해결하기 위해 다양한 장소로 가서 힌트를 얻는다.

"마을 동쪽에 있는 사당의 문을 열어라."

이 말을 듣고 당신이 게임의 주인공을 마을 동쪽으로 데려가면 사당이 있고, 문이 있다.

우주도 마찬가지다. 당신에게 문제가 발생해서 곤란한 상황에 놓이면 그것을 게임에서의 사건이나 이벤트라고 받아들여야 한다. 그 문제를 해결하는 방법도 반드시 준비되어 있다.

하지만 사람들 대부분은 문제에만 시선을 빼앗겨 그것을 해결하기 위한 방법을 찾으려 하지 않는다.

밖으로 나가 주변을 둘러봐라. 머리를 사용해라. 반드시 문제를 해결할 수 있는 힌트를 발견할 수 있을 것이다.

37

인생은 감점이 아니라
가점 방식이다

자신의 점수를 너무 낮추고 있지는 않은가?
지금 이 순간 당신의 상태는 100점이다!
처음부터 당신은 만점이고
인생의 시험은 무조건 가점 방식이다.

사람은 대개 평가에 얽매여 감점만 한다. 물론 부정적인 부분에 민감하지 못하면 생명을 잃을 수도 있는 동물이니 어쩔 수 없는 일이다.

하지만 애당초 우리의 영혼은 지구에서 발생하는 모든 현상에 가슴이 설레고 마음껏 즐기려 한다. 어떤 일이 됐든 그것을 경험하기 위해 지구로 찾아온 것이기 때문이다.

그러니까 설사 지금은 당신에게 능력이 없다고 해도, 설사 밑바닥 같은 인생을 보내고 있다고 해도 우주의 입장에서 보면 당신의 인생은 '대성공', '100점 만점'이다.

마음에 들지 않는 사건이 발생하면 감점을 하는 것이 아니라 가점을 하는 쪽으로 눈길을 돌려야 한다. 인생은 감점 방식이 아니다. 애당초 경험을 쌓기 위해 지구로 찾아온 이상, 아무리 부정적으로 보이는 사건이라고 해도 '그것을 경험했다'는 관점으로 가점을 해야 한다.

38
눈에 보이지 않더라도
주문은 존재한다

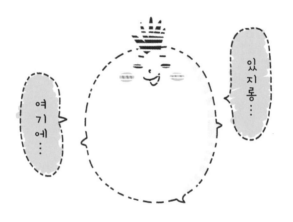

눈에 보이지 않는 힘은
눈에 보이지 않기 때문에 없다고 착각하기 쉽다.
하지만 우주는 공기와 같다.
눈에 보이지 않더라도 확실히 그곳에 존재한다.

눈에 보이지 않는 힘은, 눈에 보이지 않는다고 해서 '존재하지 않는' 것이 아니다.

하물며 마법이나 초자연 현상처럼 존재하는 것인지, 그렇지 않은 것인지 애매한 것도 아니다. 공기와 마찬가지로 눈에는 보이지 않지만 확실하게 그곳에 존재하며 사람을 도와주기 때문이다.

"눈에 보이지 않으니까 공기는 없는 것이고, 나는 공기 덕분에 살고 있는 것도 아니야."라고 말하는 사람은 없다. 왜냐하면 공기가 눈에 보이지 않아도 확실하게 존재한다는 사실을 알기 때문이다.

우주도, 우주로 보낸 주문도 마찬가지다. 눈에 보이지는 않아도 확실하게 그곳에 존재하며 현실을 만들어낸다. 존재하는 것을 존재한다고 말할 수 있는가, 그렇지 않은가 하는 것은 당신의 자유지만, 어느 쪽을 선택하느냐에 따라 결론은 정반대로 나타난다.

주문이 존재한다는 것을 인정하고 믿어라!

39

마음은 안전을 바라지만
영혼은 모험을 바란다

경험해본 인생, 경험해보지 못한 인생,
그것은 전혀 다른 인생이다.
안전을 바라는 '마음'에 끌려
'영혼'이 바라는 모험을 포기하면 안 된다.

사람의 마음은 늘 안정된 상태에서 살고 싶어 한다. 하지만 영혼은 늘 모험을 하고 싶어 한다. 어떤 것이든 경험하고 싶어 하고 모험을 하고 싶어 한다. 그것이야말로 영혼이 육체를 가지고 지구로 찾아온 이유이기 때문이다.

진심으로 인생을 바꾸고 싶다면 새로운 경험을 해야한다. 성공을 하든 실패를 하든 상관없다. 중요한 것은 다양한 경험을 한 인생인가, 그렇지 않은 인생인가 하는 것뿐이다.

'언젠가 경험해보고 싶다'라고 생각하는 것이 있다면 지금 당장 시작해라. 불가능하다고 느껴지는 이유는 행동을 하지 않기 때문이다.

한 걸음만 내디디면 무엇이든 가능해진다. 용기 내어 걸음을 내디딘 사람에게만 그것을 실현시킬 수 있는 힌트가 주어지고, 꿈이 실현된다.

40

그날은 반드시 찾아오니
움직이고, 움직여라

"그날은 반드시 찾아온다."라는 말은 사실이다.
오늘 하려고 생각했던 것이 있다면
기어를 높여 즉시 움직여라.
어디까지 믿을 수 있으며 얼마나 지속적으로
움직일 수 있는가 하는 것이 중요하다.

날이 밝기 전이 가장 어둡다는 말이 있다. 당신이 할 수 있는 한 최선을 다했는데도 사방이 꽉 막혀 도저히 방법이 없다고 느껴질 때, 우주는 미소를 띠고 "드라마틱하게 바꾸어주마!"라며 기적을 일으켜준다.

도저히 방법이 없다고 느껴질 때일수록 움직임을 멈추면 안 된다. 바람직하지 않은 일이 발생한다면 "이것으로 소원이 이루어졌어!"라고 외치고 "감사합니다."라고 말해라. 그 앞에 존재하는 드라마틱한 기적을 머릿속에 그리고 자신감 있게 미소를 지어주면 된다. 우주가 저 위에서 놀라운 기적을 일으켜 당신의 주문을 실현시켜줄 것이다.

머릿속에 떠오르는 생각을 모두 실행해본 뒤에 더 이상 방법이 없다는 생각이 들 때, 우주는 드라마틱한 엔딩을 선물하기 위해 준비하고 있다.

41

아무리 사소한 것이라도
스스로 결정해라

누군가 다른 사람이 선택해주면 좋겠다고?
혹시 지능에 문제가 있나?
지구에서 살아가는 의미는 스스로 결단을 내리고
그것을 바탕으로 행동하고 체험하는 데 있다.

"내 문제를 스스로 결정할 수 없어요."라고 말하는 사람이 있는데 사실 사람은 누구나 완벽하게 자신의 생각대로 살고 있다. 예외는 없다. 모든 사람이 그렇다.

그러니까 스스로 결정할 수 없다고 말하는 사람도 결국에는 "내가 결정하지 않고 다른 누군가가 대신 결정해 주었다."는 자신의 결단에 의해 발생하는 모든 결과로부터 벗어날 수 없다.

"그 사람이 말한 대로 했는데…."라고 후회를 해도 결국 자신의 인생에 대한 책임은 스스로 짊어져야 한다. 그리고 "늘 내가 생각한 대로는 살 수 없어."라는 주문대로 인생을 살아온 것이라는 사실을 깨달아야 한다.

그게 과연 바람직한 삶인지 진지하게 생각해보자. 어떤 선택이나 결과도 자신의 바람대로 나타나는 것이다.

42

기다리지 말고
먼저 움직여라

인생을 바꾸는 주문을 보내면
반드시 우주로부터 힌트가 내려온다.
당신이 아무것도 하지 않기 때문에
현실이 바뀌지 않는 것이다.

나는 늘 행복한 미래를 그리는 것이 중요하다고 말한다. 하지만 방에 틀어박혀 "언젠가 이렇게 된다면….." 하고 생각에만 잠겨 있으라는 의미가 아니다.

주문을 보낸 이후, 우주로부터 힌트가 내려오면 그 힌트를 활용해서 즉시 행동에 나서야 한다. 수많은 힌트를 적극적으로 실천하는 사람이 최종적으로 원하는 것을 이룰 수 있다. 신데렐라도 성으로 달려가 유리 구두 한쪽을 가리키며 "저도 신어볼게요."라고 신청했다.

단지 기다리기만 해서는 안 된다. 소원을 실현시키려면 행동해야 한다.

"언젠가 만나게 될 나의 반쪽!", "나는 언젠가 커다란 기회를 잡을 거야."라는 말만 하고 있어서는 아무리 시간이 흘러도 바뀌는 것은 아무것도 없다.

중요한 것은 움직이는 것이다. 시험 삼아서라도 일단 도전해보자! 이것이 렛츠 챌린지Let's challenge다!

43

혼자서만 떠맡지 말고
조력자를 믿어라

'나만 참으면', '나만 노력하면'이라는 생각에
모든 일을 혼자 떠맡으려 하면 안 된다.
우주를 믿어라! 조력자에게 의지해라!

우주에는 소원을 이루는 데 도움을 주도록 인재를 파견하는 신들의 네트워크가 있고, 인연을 연결해주는 중매 네트워크도 존재한다. 이 모든 것들이 '우주의 힘'인데, 인간관계나 상황을 움직이며 주문을 실현시키기 위해 다양한 형태로 협력한다.

그러나 수동적인 인간은 모든 문제를 혼자 끌어안고 하지도 못할 일을 이를 악물고 어떻게든 처리하려고 애쓴다. 그러다 결국 마지막에 "도저히 불가능해!"라고 포기해서 주변에 피해를 끼친다. 완벽주의 때문에 본말이 전도되는 것이다.

어떤 문제든 자기 혼자 떠맡는 것은 잘못이다. 당신 주변에는 수많은 조력자들, '우주의 힘'이 존재한다는 사실을 기억해라. '우주의 힘'에 의지하는 것도 중요하다!

얼굴에 어떤 대우를
받고 싶은지 씌어 있다

"사람들이 나를 함부로 대해.",
"나는 부당한 대우를 받고 있어."라는 생각이 들 때는
당신도 스스로를 함부로 대하고 있다는 것이다.
소중한 대우를 받고 싶다면 먼저
스스로를 소중하게 대해야 한다.

사람들은 늘 자신이 다른 사람을 어떻게 대하는지를 주변에 드러내며 살아간다. 마치 얼굴에 씌어 있는 것처럼 명확하게!

바꾸어 말하면 당신이 다른 사람을 대하는 것처럼 다른 사람들도 당신을 대한다는 것이다.

당신이 지금 인간관계 때문에 고민을 하고 있다면 상대가 잘 대해주기를 바라기 전에 당신이 먼저 당신 자신과 상대를 그렇게 대해야 한다.

'내 의견에 귀를 기울이지 않아.'라는 생각이 든다면 먼저 상대의 의견에 진지하게 귀를 기울여야 한다. 그리고 자신의 의견을 스스로 판단해봐야 한다.

'애인이 나를 소중하게 대해주면 좋겠어.'라는 생각이 든다면 먼저 당신이 애인을 소중하게 대해야 한다. 그리고 자기 자신도 소중하게 대해야 한다. 그렇게 할 때 원하는 대우를 받을 수 있는 사람이 된다.

45

누구보다 자기 자신을
실망시키지 마라

자신의 내면의 목소리를 무시하지 마라.
자신의 행동에 대해 "멋져!"라고 말할 수 있는가?
가장 실망시키면 안 되는 사람은 자기 자신이다.

돈이 없다는 이유로 정말로 가고 싶은 장소에 가지 못하거나 자신이 없다는 이유로 하고 싶은 것을 하지 못한다면 그 모습을 보고 있는 당신의 영혼은 눈물을 흘린다.

마음의 목소리가 "실망이야!"라고 말하게 하는 선택은 지금 당장 그만두어야 한다.

거리에 쓰레기를 버리거나 지하철이나 버스에서 좌석을 양보하지 않고 자는 척을 하거나 인사를 하지 않는 등, 당신의 마음이 "아, 내가 이런 짓을 하다니!"라고 실망하게 만드는 행동은 당장 고쳐라.

당신 마음속의 '진정한, 진정한, 진정한 당신'이 "나는 역시 멋있어!"라고 손뼉을 치며 기뻐할 행동들이 축적되어야 파동이 올라가고 운도 상승한다.

46

잘할 것인지 따지기보다
반드시 해야 한다

"잘하지 못하면 어떻게 하지?"도,
"좀 더 잘할 수 있게 되면 하자."도 아니다.
이러쿵저러쿵 따지지 말고 당장 실천해라!

많은 사람들이 죽음을 맞이해서 눈을 감을 때 "그걸 해보고 싶었어!"라고 아쉬워하면서 우주로 돌아간다. 그리고 "지구로 다시 가고 싶어! 이번에야말로 다양한 경험을 쌓고 싶어."라고 말한다.

그렇기 때문에 지금 지구에서 살고 있는 사람들은 실패를 하는 것보다 행동을 하지 않는 쪽이 훨씬 더 후회를 하게 된다는 사실을 알아야 한다.

지금 자신의 작은 사고의 틀과 적은 경험을 통한 지식을 바탕으로 "잘하지 못하면 어떻게 하지?"라는 식으로 말하거나 생각해서는 안 된다. "나중에 할 거야.", "이러이러한 상황이 되면 할 수 있을 거야."라는 식으로 뒤로 미루어도 안 된다.

머릿속에 생각이 떠오른 시점에 그것을 할 수 있는 능력은 이미 우주에 존재하고 있으며, 이때가 실천을 해야 할 타이밍이라는 뜻이다. 안심하고 모든 것을 우주에 맡기고 '하고 싶은' 것을 해라!

47

'나는 안 돼.'라는 생각은
말버릇으로 날려버려라

"내일은 할 거야.",
"역시 불가능해."라는 말버릇으로
'하려고 마음먹어도 하지 못하는 자신'의
환영을 만들지 마라!

어린 시절 시험 점수가 나빠서 꾸지람을 듣거나, 방을 제대로 정리하지 못했거나, 여름방학 숙제를 제대로 끝내지 못했을 때 어떤 생각이나 말을 했는지 떠올려봐라.

"역시 제시간에 끝내지 못했어.", "역시 나는 안 돼.", "그래, 처음부터 무리였어."라는 식으로 자기 자신을 향해 끊임없이 부정적인 말버릇을 사용한 결과 나타나는 것이 '하려고 마음을 먹어도 실천하지 못하는 자신'이나 '역시 할 수 없는 자신'이라는 환영이다. 자신에 대한 신뢰를 잃어버리는 것이다.

내면에 존재하는 진정한 자신의 목소리에 귀를 기울이자. 당신은 할 수 있다. 당신을 믿고 있는 '진정한 당신'이 있으니까.

가장 먼저 할 수 있는 자기 개조 방법은 말버릇을 바꾸는 것이다. "나는 할 수 있어."를 말버릇으로 삼아야 한다. 말버릇은 암시다. 자신에게 패배의 최면을 거는 말버릇은 당장 중지하고 승리의 최면을 걸어라!

48

어떤 상황이라도
긍정적으로 말해라

"왠지 즐겁지 않아."라고 말하고 싶다면
즉시 "왠지 즐거운데."라고 말을 바꾸어라!
언제나 발신이 먼저고 결과는 그 이후다.

사람은 자신의 말에 호응하여 뇌의 움직임이 바뀌고, 마음이 바뀌고, 행동이 바뀌는 동물이다.

그렇기 때문에 언어로 표현하고 마음속으로 자주 중얼거리는 말은 사령탑 같은 역할을 한다. 말버릇에 의해 인생이 정해지고 인생이 바뀌는 구조가 존재하는 것은 그 때문이다.

"왠지 기분이 나쁜데….", "아, 재미없어!"라고 중얼거리면 마음은 우울해지고 뇌에서도 행동을 하기 위한 지령이 나오지 않는다. 눈앞의 현실도 점차 나쁜 쪽으로 기울어진다.

따라서 지루할 때는 오히려 "왠지 즐거워."라고 말해야 한다. 그렇게 하면 즐거워질 수 있는 재료가 나타나고 마음이 고양되며 뇌가 행동하라는 지령을 내린다. 그리고 얼마 후 진심으로 "즐거워."라고 말할 수 있는 상황으로 바뀐다. 속는 셈치고 시험해봐라.

49

작은 한 걸음을
얼마나 반복하는가

어떤 성공이든 처음에는
작은 한 걸음부터 시작된다.
재능, 나이, 경험은 아무런 관계가 없다!
작은 한 걸음을 계속 반복해라!

성공한 사람을 보면 "이 사람이니까 가능했던 거야. 이 사람은 특별한 거야."라고 말하기 쉽다. 하지만 누구나 처음의 한 걸음이 반드시 존재한다.

어린 시절부터 꾸준히 한 걸음씩 반복적으로 걸음을 내디뎌온 사람도 있고, 성인이 된 이후에 뒤늦게 걸음을 내딛기 시작해서 성공한 사람도 있다. 그때까지 해온 것을 모두 버리고 정말로 하고 싶은 일을 해서 성공을 거둔 사람도 있다.

당신이 동경하는 사람의 첫 한 걸음에 당신이 바라는 인생 대역전의 힌트가 있다. 첫 걸음은 크게 내딛지 않아도 된다. 작은 한 걸음, 보잘것없어 보이는 한 걸음이라도 좋다.

중요한 것은 그 한 걸음을 지속적으로 반복해서 내디뎌야 한다는 것이다.

50

"싫어!"도 주문이라서
그대로 이루어진다

부정적인 말버릇은 당장 버려라.
입 밖으로 나오는 모든 말은 주문이다.
당신의 본심이야 어떻든
우주는 그 주문대로 이루어지게 해준다.

우주는 사람이 표현하는 말의 에너지를 그대로 증폭시키는 장치다. 그렇기 때문에 "싫어."도 주문이고, "좋아."도 주문이다.

우주는 진위를 판단하지 않고 말의 에너지를 순수하게 증폭시켜 현실로 나타나게 해준다. "싫어."라고 말하면 "싫어."가 증폭되어 현실로 나타나고, "좋아."라고 말하면 "좋아."가 증폭되어 현실로 나타난다.

그렇기 때문에 부정적인 말은 애초에 하지 말아야 한다. 상상도 하지 말아야 한다.

아무리 노력해도 "싫어.", "두려워."라는 말이 떠오를 때에는 즉시 "감사합니다.", "사랑합니다."라고 바꾸어야 한다. 그 말을 하는 동안에는 "싫어.", "두려워."라는 말은 하지 않게 되니까.

그렇게 하다 보면 "감사합니다."를 말하는 횟수가 "싫어."를 웃돌게 되고, 우주로 보내는 주문도 조금씩 바뀐다.

51

선불의 법칙에 따라
먼저 선언해라

받고 싶으면 먼저 선언을 하고 발신해라.
우주에는 '선불의 법칙'이 작용한다.
발신을 해야 수신할 수 있다.

소원을 실현시키고 싶다면 항상 선불의 법칙을 의식해야 한다. "아직 기술이 부족해.", "확실하게 공부하지 않으면 안 돼."라는 생각이 들 때는 출력을 해야 할 시기가 찾아왔다는 것이다.

본래 입력과 출력은 세트로 이루어져 있다. 이것은 우주의 법칙이다. 우주는 늘 '선불의 법칙'으로 돌아간다.

자신이 외부를 향하여 먼저 선언하고 발신을 해야 수신을 할 수 있다. 원하는 자신의 모습이 있으면 먼저 그렇게 행동을 해야 우주가 그걸 현실화해준다. 돈을 원한다면 "돈이 있어."라는 에너지를 발생시켜야 우주가 그 에너지를 증폭시켜 돈이 있는 현실로 만들어준다.

발신을 하고 수신을 하는 이런 현상이 반복되면 능력 또한 배양된다.

"아직 기술이 부족해."라는 단계에 놓여 있더라도 완성하겠다는 뜻을 공표하고 출력을 해라. 당신이 머릿속에 그린 것은 이미 우주에 존재한다. 먼저 선언해라. 놀라운 결과가 뒤따를 것이다.

52

언제 어디서든지
사랑과 기쁨을 떠올려라

우주로 보내는 주문이나 행동은
사랑과 기쁨이 우선이다.
잃어버릴 것에 대한 두려움을 가지고
행동하면 반드시 잃는다.
사랑과 기쁨을 기준으로 삼아 행동해라!

"만약 노후에 돈이 없으면 어떻게 하지?"

"만약 이대로 결혼을 하지 못한다면….'

"괜히 시도했다가 실패를 할지도 몰라.'

이런 두려움은 모두 우주로 보내는 주문이다. 안타깝지만 두려움에서는 두려움밖에 나오지 않는다. 처음에 설정한 감정이야말로 당신이 우주로 보내는 주문이다.

두려움에서 나온 주문은 두려운 결과를 안겨준다. 행복을 얻고 싶다면 어디에 있으면, 무엇을 얻으면 자신이 진심으로 행복하고 안심하고 풍요롭게 살 수 있는지 현실적으로 그려야 한다.

얼굴에 저절로 미소가 그려지고 불행했던 과거를 싹 잊을 정도로 기쁨을 느낀다면 그것을 주문으로 우주에 보내면 된다. 사랑을 바탕으로 발신한 주문은 반드시 사랑을 증폭시키고 사랑으로 돌아오기 때문이다.

53

모든 사건의 결과는
당신 하기 나름이다

이미 일어난 사건 자체에 의미 따위는 없다.
거기에 의미를 부여하는 것은 당신이다.
모든 것에 긍정적인 의미를 부여해라!

긴 구름을 보면 용을 봤다고 기뻐하고, 검은고양이가 앞을 가로지르면 '불길'하다고 한다. 하지만 본래 어떤 사건이든 그 자체에 의미 따위는 없다. 사람이 모든 것에 의미가 있다면서 다양한 의미를 부여하는 것이다.

발생한 사건이나 눈으로 본 광경에 의미를 부여하지 말라는 말은 아니다. 굳이 의미를 부여하려면 일관적으로 좋은 의미를 부여하라는 말이다.

같은 사건에 좋은 의미를 부여하는 사람과 나쁜 의미를 부여하는 사람 중 어느 쪽이 행복한 인생을 살 수 있을까? 당연히 좋은 의미를 부여하는 쪽이다. 나쁜 의미를 부여하다 보면 그것이 말버릇이 되고 우주와 연결된 파이프를 막아버린다.

원래 의미 따위는 전혀 없는 것에 굳이 나쁜 의미를 부여하여 더욱 불행해질 필요는 없다. 눈앞에 발생한 모든 사건은 좋은 일, 당신의 주문이 실현될 것이라는 신호다. 그렇게 마음먹고 살아가는 사람이 기적을 일으킨다.

54

어떤 미래와 계약할지
스스로 결정할 수 있다

아무리 엉뚱한 이야기도,
절대로 이뤄지지 않을 듯한 꿈같은 이야기도
그것이 머릿속에 떠오른 시점에
우주 어딘가에는 이미 존재하고 있다.

당신이 상상할 수 있는 일은 이 우주에 떠도는 당신 자신의 기억이다. 즉, 상상할 수 있는 것은 이미 이 우주 어딘가에 그 '현실'이 존재하고 있는 것이며 그 꿈을 이룬 당신이 존재한다는 뜻이다.

부자가 되어 마음 편히 살고 있는 당신도 있고, 빚투성이가 되어 허덕이는 당신도 있다. 그중에서 어떤 자신을 주문하는가에 따라 이정표는 바뀌고 행동도 바뀐다.

미래에 연봉 10억 원을 버는 자신의 손과, 50억 원의 빚을 지고 생활에 허덕이는 자신의 손 중에서 어느 쪽의 손과 악수를 하는가는 당신 자유다.

자유롭게 선택하고 체험할 수 있고 반드시 이룰 수 있다. 단, 우주로부터 내려온 힌트를 받아들이고 순수하게 행동에 옮기며 끝까지 믿어야 한다.

55

자신을 제한하는 행동은
당장 그만두어라

무엇이든
할 수 있어!

걱정하지 마!

자신을 경멸하고 단점만 지적하면서
칭찬은 전혀 하지 않는다.
그래서는 행복을 바라는 주문을 해도
취소가 되어버린다.

자신에게 제한을 두는 이유는 거기에 이점이 있기 때문이다. 예를 들어, 하고 싶은 일이 있는데 나이 탓으로 돌리고 행동하지 않는 사람의 이점은 '하고 싶은 일을 했다가 실패하는 결과를 피할 수 있다'는 것이다.

그 근원은 대부분의 경우 자라온 환경에 있다. 자신에게 가장 먼저 트집을 잡는 버릇을 들인 사람이 누구였는지 생각해보자.

"이 나이에 무슨….'이라는 말버릇을 사용하던 부모가 있었다면 툭하면 나이 제한을 설정해두고 꿈을 포기할 것이다. 늘 모든 일에 트집을 잡으며 불행한 모습으로 살아가는 부모를 보고 자랐다면 마음속으로 '나만 행복해지는 건 너무 죄송해.'라고 생각하게 된다.

쓸데없이 불행을 불러들이는 행동은 지금 당장 그만두어야 한다. 실패 따위는 별것 아니다. 그리고 당신이 행복해지지 않는 한 아무도 도와주지 않는다.

56

내일의 나에게 칭찬받을
행동을 선택해라

사람이 바꿀 수 있는 것은 항상 현재뿐이다.
어제를 후회하지 않고
최선을 다해 현재를 살아야 한다.
미래로부터 오는 힌트를 받아들여
앞으로 전진해라!

중요한 사실을 기억해두어야 한다. 시간은 과거에서 미래로 흘러가는 것이 아니다.

강 위쪽에서 아래쪽을 향하여 물이 흘러가듯 시간도 미래에서 과거로 흐른다. 그리고 현재는 항상 순간적으로 지나가는 점이다.

물질의 세계인 지구상에서 당신이 바꿀 수 있는 것은 현재뿐이다. 과거의 문제를 후회하는 것도, 과거의 자신에게 불평을 하는 것도 모두 의미 없는 짓이다.

내일의 내가 고맙다고 말할 수 있는 오늘, 현재 이 순간을 살아야 한다. '어떻게 해야 내일의 내가 기뻐해줄까?'라는 생각을 바탕으로 행동한다. 그리고 내일이 되면 '어제의 내가 잘한 덕분이야.'라고 감사한다. 이 반복이 당신의 주문을 실현시켜준다.

최선을 다해 현재를 살지 않으면 미래는 없다.

"돈은 좋은 거야."라고
끊임없이 말해라

말버릇을 바꿔도 돈에 대한 고민이 계속된다면
당신 자신이 "돈은 지저분한 거야."라고
돈을 거부하고 있다는 것이다.
스스로 최선을 다해 마음껏 돈을 벌도록
"돈은 많이 벌수록 좋은 거야."라고 허가해라.

어린 시절 돈 때문에 고통을 받는 부모님을 보고 자라면 순수한 마음으로 "돈은 더러운 거야. 돈은 사람을 비굴하게 만들어."라는 식으로 받아들이는 경우가 있다.

그 믿음이 우주도 놀랄 정도로 확고하기 때문에 더욱 무섭다. 더욱 성가신 것은, 한번 그 믿음이 굳어버리면 아무리 바꾸려고 노력해도 자신의 의식으로는 바꾸기 어렵다는 것이다.

이 강력한 전제는 우주로 보내는 주문을 방해하고 아무리 말버릇을 바꾸고 행동을 바꾼다고 해도 돈 때문에 고통을 받는 현실이 바뀌지 않는 결과가 발생한다.

우선은 자신에게 "돈을 소유하는 것으로 행복해지는가, 불행해지는가 하는 것은 내가 결정하는 거야.", "내가 돈을 벌어 풍요로워져야 주변 사람들도 행복해져."라고 말해라. 그리고 "돈은 좋은 거야."를 말버릇으로 삼아 돈을 나쁜 것이 아니라 좋은 것으로 받아들여라.

58

나를 화나게 만드는 건
바로 '나 자신'이다

"그 사람 때문에"라고?
어느 누구도 당신의 감정을 조종할 수 없다.
화나게 만들 수도 슬퍼하게 만들 수도 없다.
슬픔도, 분노도, 웃음도 모두 당신 탓이다!

상대 탓으로 돌리는가, 자기 탓이라고 생각하는가, 어느 쪽으로 받아들이는가에 따라 결과는 180도 달라 보인다.

'다른 사람 때문에', '환경 때문에'라는 식으로 자기가 아닌 다른 쪽에서 이유를 찾으면 마음은 편할지 모른다. 자신의 인생에 책임을 지는 일 없이 투덜투덜 불평만 늘어놓으면 될 테니까.

하지만 그런 식으로 살면 인생이 막을 내리는 순간에 정말 후회하지 않을까? "그 사람 때문에 아무것도 할 수 없었어." 이 말을 마지막으로 임종한다면? 이것이 과연 가치 있는 인생일까?

본래 사람은 누군가에게 상처를 받거나 슬픔을 강요당할 수 없다. 상대의 언행에 자신이 그렇게 반응하는 것뿐이다. 자신의 인생을 지금 당장 되찾아라. 다른 사람에게 조종간을 빼앗기지 마라!

59

망설여질 때는
미래의 나에게 물어라

어떻게 해야 좋을지 알 수 없을 때는
미래의 자신에게 물어봐라.
사실 당신은 그 답을 명확하게 알고 있다.

당신이 우주에 소원을 주문한다는 것은 이미 그 소원이 이루어진 미래의 당신이 우주에는 존재하고 있다는 것이다. 그러니까 당신 자신에게 우주로부터의 힌트가 무엇인지 물어보면 된다.

의자를 두 개 준비하고 한쪽에 미래의 자신을 불러 앉혀 대화를 나누어보는 것도 한 가지 방법이다.

"어떻게 하면 너처럼 바뀔 수 있을까?"

"미래의 너는 이 힘든 상황을 어떻게 헤쳐 나왔니?"

이렇게 솔직하게 물어보자. 이것은 '진정한, 진정한, 진정한 자신'과의 대화다. 필요할 때에는 누구나 언제든지 미래의 자신이 전해오는 메시지를 들을 수 있다.

60

파트너를 믿고 응원해
능력을 발휘하게 해라

참견하고 간섭하기보다
믿고 맡길 때 신이 나서 능력을 발휘한다.
당신의 파트너가 여신이 되고,
기사가 되도록 믿고 맡겨라.

세상에는 나쁜 남자들만 경험하는 히로미 같은 여자가 있는데, 사실 히로미는 나쁜 남자를 끌어들이는 것이 아니라 스스로 생산해내고 있는 것이다. 여신이 되어 충분히 사랑받고 존중을 받을 수 있는데, 돈을 갖다 바치고 배신을 당한다. 반대로 나쁜 여자만 만나고 배신당하는 남자도 있다.

"당신을 위해 최선을 다할게요.", "돈은 내가 마련해볼게요."라는 식으로 말하는 것도 문제다. 파트너가 자신이 활약할 장소를 점차 잃게 되고 무력해지기 때문이다.

파트너에게 보낼 수 있는 응원은 참견을 하고 간섭을 하는 것이 아니라 믿고 맡기는 것이다. 서로를 소중하게 여길 기회를 주는 것이다. 그렇게 하면 파트너는 신이 나서 자신이 가진 능력을 재대로 발휘하게 된다.

61

상황이 바뀌지 않는 건
당신의 진짜 주문 때문이다

이루어지지 않는 것에 의해
다른 무언가가 이루어지고 있다.
상황이 바뀌는 것을 방해하는 것은
바로 당신의 진짜 주문이다.

결과를 정하고 우주에 소원을 주문했는데도 당신의 상황이 바뀌지 않는다면, 바뀌지 않는 것에 의해 이루어지고 있는 '진짜 주문'이 무엇인지 깨달아야 한다.

예를 들어, 좋아하는 일을 하기 위해 독립하겠다고 결정했는데 좀처럼 상황이 바뀌지 않을 때, 독립하지 않는 것에 의해 얻는 것이 분명히 있을 것이다. '책임을 지지 않아도 된다.', '안정된 생활을 하고 있다.', '동료들과 헤어지지 않아도 된다.' 등등.

결혼을 주문했는데 결혼을 하지 못하고 있을 때는 '부모님을 혼자 두지 않아도 된다.', '자유롭게 살 수 있다.' 등등 주문의 그늘에 감추어져 있는 진정한 주문이 이루어지고 있다는 것이다.

소원이 진행되지 않는다는 생각이 든다면 '바뀌지 않는 것에 의해 나는 무엇을 얻고 있는가'를 스스로 질문해 보아야 한다. 그것이 진짜 주문이 되어 우주에 송출되고 있기 때문이다.

이르다고 느껴질 때가
당장 시작해야 할 때다

좀 더 실력이 갖추어지면?
3킬로그램만 살을 더 빼면?
이유와 변명을 계속 찾는 한
영원히 실행할 수 없을 것이다.

당신이 '지금 하기에는 좀 일러.'라고 생각하는 것은 이미 모든 준비가 갖추어져 있는 일이다. 오히려 늦었다고 생각해야 할 정도다. 그 결과는 이미 우주에 존재하기 때문이다.

지금 하지 않으면 영원히 할 수 없다. "그때는 할 수 있었는데…."라고 후회하며 인생의 마지막 순간을 맞이하는 사람들은 정말 많다.

'언젠가 해보고 싶지만 지금은 할 수 없는 일'은 사실 '한시라도 빨리 시작해야 할 일'이다. 시기가 빠른 것이 아니라 하지 않는 이유와 변명을 내세우며 지금까지 미루어 왔을 뿐이니까.

"하지만 아직 준비가 되지 않아서…."라고?

준비는 주문을 하고 행동을 하면 그 순간 갖추어진다. 행동하지 않기 때문에 갖추어지지 않는 것이 준비다.

63

돈을 지불할 때는
기분 좋게 내라

우주는 모든 것에 선불의 법칙이 적용된다.
돈을 원한다면 먼저 돈을 지불해라.
"돌아오지 않으면 어떻게 하지?"라는 말은
절대로 해서는 안 되는 주문이다.

돈을 지불할 때는 사실 그 수백 배의 풍요로움을 이미 받고 있는 것이다.

예를 들면 전기 요금이 그렇다. 지금부터 당신이 전기를 만들어내기 위해 에디슨처럼 연구하고 전력 회사를 설립하고 전신주를 세워 전기를 공급하려 한다면 대체 얼마나 많은 돈이 필요할까? 그런데 한 달에 몇 만 원만 지불하고 스위치만 작동하면 마음껏 사용할 수 있다니 얼마나 고마운 일인가!

즉, 돈을 지불한다는 것은 풍요로움을 돈으로 바꾼다는 것이다. 따라서 돈을 지불할 때에는 얼굴 가득 미소를 띠고 즐거운 마음으로 내야 한다.

'돈이 사라지는' 것이 아니라 "이 돈이 그 이상의 풍요로움을 안겨주었다!"라고 생각하고 말해라. 그것이 돈을 감사하게 사용하는 방법이다.

64

돈이 들어오길 원하면
사용처와 기한을 정해라

우주에 돈을 주문한다면
'금액'과 '기한', '사용처'를 명확하게 해야 한다.
그리고 스스로 그 돈을 수용할 가치가 있다고
진심으로 믿어라!

돈이 들어오지 않는 이유는 자신이 그것을 수용할 가치가 없다고 생각하고 있기 때문이다.

우선, 얼마든지 수용해도 된다는 허가를 자신에게 내주어라.

그리고 들어온 돈을 어떻게 사용할 것인지 현실적으로 머릿속에 그리고 "반드시 내가 그 돈을 준비해줄게.", "내가 벌게 해줄게."라고 자신에게 약속해라.

히로시도 빚이 아직 1억 원 이상 남아 있었을 때 "심리학 공부를 해서 우주의 구조에 맞춰 행복하게 살아가는 사람들을 더 늘리고 싶어."라고 현실적으로 사용처를 머릿속에 그렸다.

그렇기 때문에 강좌를 듣기 전날 강의료가 들어오는 기적이 일어났다. 그리고 저축한 돈을 머릿속에 그린 대로 심리학 강좌에 사용했기 때문에 머릿속 생각을 현실로 실현시킬 수 있었다.

당신도 얼마든지 할 수 있다!

65

중년이야말로 큰 꿈을 그려야 할 때다

자!
중년이여,
날개를 펴라!

젊은이의 꿈은 몽상인 경우가 많다.
어느 정도 인생을 살아온 중년이 꾸는 꿈은 진짜다.
중년이야말로 자신의 진정한 꿈을
주문해야 할 때다!

나이 탓을 하며 "불가능해."라고 말하는 사람이 있다. 사실 경험이 부족한 젊은 시절에 그리는 꿈은 주문 자체가 위험할 수도 있다. 주문을 보내고 열심히 행동으로 옮겼다가 "이게 아니었어."라고 후회하는 일도 있다.

꿈은 경험을 쌓으면 바뀐다. 어느 정도 경험을 쌓은 중년이어야 자신이 어떤 사람인지 알고, "아, 나는 사실은 이걸 좋아했어.", "그래, 저걸 하고 싶었어."라는 식으로 정말로 원하는 소원을 주문할 수 있다.

꿈은 젊은 시절에만 가질 수 있는 것이 아니다. 중년이기 때문에 보다 정확한 소원이 무엇인지 알 수 있고 올바른 주문을 할 수 있다.

"역시 이루어지지 않을 거야."라고 느껴지는 소원도 올바르게 주문을 보내고 행동으로 옮기면, 우주가 저 위에서 드라마틱한 전개를 펼치며 이루어지도록 도와준다.

66

우주에는
모든 가능성이 존재한다

내 인생에서
선택하는 수만큼
우주가 있는 거야.

'이 대학이어야 해.', '이 회사여야 해.',
'이 사람이어야 해.'라는 생각은 모두 환상이다.
매달리지 말고 모두 놓아버려라.

우주에는 모든 가능성과 그것이 형태로 나타난 세계가 동시에 존재한다. 이것은 당신이 원해도 손에 넣을 수 없었던 그 세계를 손에 넣은 당신도 존재하고 있다는 뜻이다.

따라서 '손에 넣지 못해서 행복해질 수 없어.'라고 생각하는 것은 환상이다. 당신을 떠난 상대와 행복한 결혼을 한 당신도 우주에는 존재한다. 수많은 당신이 모든 체험을 하고 우주로 돌아갈 때 "너는 그 사람과 결혼했니?", "프로야구 선수가 되었니?"라고 말하며 서로의 경험을 공유한다.

그러니까 집착할 필요는 전혀 없다. 당신은 다른 당신이 할 수 없는 경험을 하면서 풍요로운 인생을 보내면 된다. 지구에서의 경험을 마음껏 즐겨라!

67

빈둥거리지 말고
마음껏 놀기라도 해라

"언젠가….", "시간이 되면…."이라고?
눈 깜박할 시간에 노을은 지고
우리는 우주로 돌아가야 한다.
유감스럽지만 인간의 사망률은 100%다.

인간은 행동하고 경험하기 위해 지구로 온, 이른바 관광객이다. 그런데 방에 틀어박혀 행동하지 않거나 고민을 하느라 시간을 낭비한다면 대체 왜 지구로 온 것일까?

우리의 궁극적인 목적은 인생이 끝날 때, "이것도 해보았고 저것도 해보았어. 정말 즐거웠어."라고 말하며 주마등처럼 스쳐 지나가는 과거를 돌이켜보고 "고마워, 지구!"라고 작별인사를 건넨 뒤에 우주로 돌아가는 것이다.

그런데 행동하지 않는다면 어떻게 될까? 성공한 인생은 실패가 없는 인생도, 평온무사한 인생도 아니다. "그걸 해보고 싶었는데…."라는 후회가 없는 인생이 성공한 인생이다.

생명은 짧다. 지구에서의 여행을 마음껏 즐겨라.

68

발전을 가로막는 건
과거를 탓하는 행위다

과거의 자신에게 불평불만을 늘어놓으면
우주에서 보내주는 힌트를 놓친다.
당신이 지금 어떤 생각을 하고
어떻게 행동하는지가 중요하다!

"그때 최선을 다했다면 지금 이렇게 살지는 않을 텐데…."라고 과거를 후회하거나 과거의 자신에게 불평을 하는 행위는 당장 그만두어야 한다.

10년 후에도 마찬가지로 "10년 전이었다면 할 수 있었을 텐데…."라고 말하는 자신을 상상해보자. 몸서리쳐질 것이다. 그러는 동안에 순식간에 수명은 끝나버린다.

내일의 자신으로부터 감사 인사를 받을 수 있는 오늘을 살아라. '어떻게 하면 내일의 내가 기뻐할까?'라고 생각하고 지금 당장 행동에 옮겨라.

그리고 내일이 되면 어제의 자신을 조금도 책망하지 마라. "아, 어제의 나 덕분이야. 정말 고마워."라고 말하고, "자, 오늘은 어떤 행동을 할까?" 하고 자신과 의논해라. 오늘부터 당장 시작해라!

69

행복과 즐거움을
지금 당장 결정해라

즐겁다, 기쁘다, 행복하다,
어떤 상황도 지금 즉시 결정할 수 있다.
언제, 어떤 상황이든지 간에
'즐겁다', '행복하다'라고 스스로 정해라!

당신의 행복과 불행은 다른 누군가가 정해주는 것이 아니라 100퍼센트 당신 스스로가 정하는 것이다. 매일 어떤 기분으로 살 것인가 하는 것 역시 지금 즉시 결정할 수 있다.

현 상황이 원하지 않는 상황이라고 해도 얼마든지 '아, 행복해!'라고 생각할 수 있고 즐거울 수 있다.

항상 행복과 즐거움이라는 감정을 선택해야 한다. 그렇게 하면 우주가 '내가 선택한 감정에 현실을 맞추어주기' 때문이다.

"무슨 일이 있어도 나는 행복해."라고 정해라. 행복이라는 대전제로 매일을 살아라. 지금까지 색안경을 끼고 '불행'이라고 느껴왔던 세계가 '행복'이라는 색안경을 통하여 작은 행복 쪽으로 초점을 맞추기 시작할 것이다.

그렇다. 행복은 어떤 사건에 의해 찾아오는 것이 아니라 당신 자신이 설정을 하기 때문에 찾아오는 것이다.

70

행운의 의자 뺏기 게임은
존재하지 않는다

기적에 정원 마감은 없다!
당신이 살고 있는 세상은 당신의 우주다.
당신이 제외되는 안건은 존재하지 않는다.
만약 제외된 듯한 느낌이 든다면
그것이 당신의 주문에는 필요하지 않기 때문이다.

누군가에게 발생한 기적이 당신에게는 발생하지 않는다는 법은 없다. 연봉 10억 원을 받는 사람이 인구의 0.02퍼센트라고 해도 마찬가지다. 당신의 주문이 올바르다면, 진정한 주문이라면 100퍼센트 현실로 나타난다.

기적은 의자 뺏기 게임이 아니다. 인간은 각자의 우주에서 살고 있다. 기적은 소원을 주문하는 사람의 수만큼 발생한다.

"누군가가 손에 넣었으니까 내 몫은 없어."라는 말을 한다면 그것이 주문이 되어 당신에게는 기적이 발생하지 않고 다른 사람에게 돌아간다.

명확한 주문은 우주가 현실로 만들어준다. 만약 현실화되지 않는다면 그 주문은 당신에게 필요하지 않다는 것이다. 우주는 본인이 진심으로 믿는 '인생의 전제'를 증명해줄 뿐이다.

71

밀어서 안 되면
반대로 당겨라

인간의 심리는 복잡해 보이면서도 단순하다.
사실 반대가 정답인 경우는 많이 있다.
뜻대로 되지 않을 때는 일단 반대를 생각해라!

어떤 문제가 발생했을 때는 반대의 시각으로 생각해보면 해결되는 경우가 많다.

예를 들어, 일에 빠져 있을 때에는 "일이 밀려서 못 견디겠어."가 아니라 "일에 집중하고 있는 동안에 간과하고 있는 것은 없을까?" 하는 쪽으로 눈을 돌려본다.

자신을 힘들게 만드는 상대와 헤어질 수 없을 때는 "나를 힘들게 하기 위해서 나 스스로 그 사람을 곁에 두고 있는 거야."라고 생각해본다. 힘들지만 그만둘 수 없다는 것은 그것에 의해 무엇인가 얻을 것이 있다는 뜻이다.

"그만두고 싶은데 그만둘 수 없어."는 거짓이고, 진짜 이유는 "이 일을 지속하기 때문에 도움이 되는 것이 있어."다. 그것을 발견하지 못하는 한 고통은 계속된다.

항상 반대를 생각하고 근원을 찾아라!

72

좋아하는 것만 하면 된다?
바보 같은 소리다

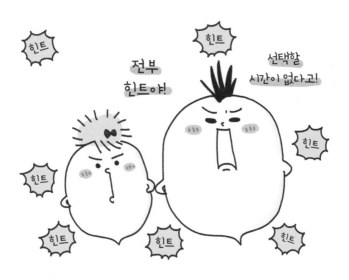

우주로 보내는 주문은 공짜가 아니다.
'결정한다'는 각오와 '행동'이 필수적으로 수반되기 때문이다.
단순히 잠자고 일어나면 소원이 이루어지는 게 아니다.

최근에는 "하고 싶지 않은 일은 하지 않는다.", "좋아하는 일을 하면 성공한다."라는 말을 자주 들을 수 있는데 그것은 '주문의 달인'들이나 할 수 있는 말이다.

올바른 주문을 보내고 행동으로 실천하는 사람은 옆에서 보면 '모든 일이 잘 풀리는' 것처럼 보일 수 있다. 하지만 주문 초보자는 주문을 보낸 뒤에 우주의 힌트를 받아 그것을 행동으로 옮길 때 변화에 대한 공포라는 장벽에 부딪히는 단계가 반드시 찾아온다.

그때 "이건 하기 싫은 것이니까 힌트가 아닐 거야.", "이건 마음이 내키지 않아."라고 여기고 행동을 하지 않으면 아무리 시간이 흘러도 주문은 이루어지지 않는다.

진심으로 원하는 것을 손에 넣으려면 반드시 노력이라는 행동을 해야 한다.

73

다른 사람의 질투에
반응하지 마라

인간의 부정적인 감정 중에서
무서울 정도로 끈질긴 것이 질투다.
다른 사람의 질투에 일일이 반응하면
에너지를 빼앗기고 자신의 모습도 잃어버린다.
가볍게 무시하고 자신의 길을 가는 쪽이 현명하다.

돈은 성가신 존재다. 많은 사람들이 돈을 성공이나 행복의 상징이라고 믿고 그것을 가진 사람에게 질투를 하고 의지하고 다가가기 때문이다.

따라서 돈이 들어오지 않는다거나 모이지 않는다거나 돈이 있어도 행복하지 못할 때에는 누군가의 질투에 발목이 잡혀 있지 않나 살펴볼 필요가 있다.

질투심이 강한 사람들은 가까운 상대나 자기보다 아래라고 생각했던 사람이 열심히 노력해서 좋아지는 꼴을 보지 못한다. 상대가 자신과 비슷하거나 아래라고 인식해야 안심한다.

상대가 그럴듯한 표정을 짓고 당신의 행동에 불쾌한 간섭이나 지적을 해올 때는 '무시하면 된다'는 마음으로 상대의 질투를 피해야 한다.

74

자신과의 약속은
작더라도 꼭 실천해라

자학하는 말버릇으로 마음속에 존재하는
진정한 자신에게 상처를 주고,
약속을 실행하지 않는 자신에게 낙담할 때가 있다.
자신과의 약속은 아무리 사소한 것이라도
반드시 지켜 신뢰를 회복해야 한다.

자신의 가능성을 누구보다 믿고 기대해야 할 사람은 자기 자신이다. 하지만 당신은 지금까지 자신과의 약속을 제대로 지키지 않았고, 자신에게 자학적인 말을 해왔다.

당신의 내부에 존재하는 진정한 당신은 과거에 몇 번이나 "할 거야."라고 해놓고 실행하지 않았던 당신에게 낙담하고 있다. 신뢰를 되찾지 못하는 한 당신은 진정한 당신과 친해질 수 없고 바람도 이룰 수 없다.

"오늘 안에 이 일을 끝낼 거야.", "주말에는 맛있는 음식을 먹으러 갈 거야."라는 식의 아무리 사소한 것이라도 상관없다. 자신과 약속을 했으면 반드시 그것을 지켜 신뢰를 되찾아라.

그렇게 하면 진정한 자신은 '이 사람은 이제 나를 배신하지 않아.'라고 생각하여 조금씩 기력을 되찾을 것이다.

스스로에게 최대한 기대감을 가져라. 그리고 자신의 기대에 적극적으로 최선을 다해 부응해라!

"역시 무리야."는
부정적인 자기최면이다

"역시 무리야."라는 말은
그대로 우주로 보내는 주문이 된다.
부정적인 말버릇은 자신을 공격하는 암시다.
부정적인 말버릇을 웃돌 만큼
운이 풀리는 말버릇을 사용해라.

과거에 "역시 무리였어.", "나는 그 일을 해낼 능력이 없어."라고 말한 일이 있었다고 해도 그것이 정말 해낼 수 없었던 일인지는 알 수 없다. 기억은 어떤 식으로든 수정이 되어버리기 때문이다.

중요한 것은 그것에 의해 탄생한 말버릇이다. "결국 제대로 되지 않았어."와 같이 자신에 대해 부정적인 말은 가능성을 빼앗는 '자기최면'이다.

입 밖으로 나온 말은 그대로 우주로 보내는 주문이 된다. 과거의 기억을 "역시 할 수 없었어."라고 더욱 강조하면서 당신을 어두운 현실로 이끌어간다.

"역시 무리야."가 말버릇이라면 그 반대인 "난 할 수 있어!"를 지금까지 했던 부정적인 말버릇을 웃돌 정도로 틈나는 대로 중얼거려라.

'할 수 없다'의 배후에 있는
두려움을 발견해라

하고는 싶은데 왠지 모르게 피하게 된다.
아무리 노력해도 안 좋은 방향으로 흘러갈 때는
거기에 두려움이 존재한다는 뜻이다.
두려워하지 말고 맞서 싸워라!

"결혼할 거야!"라고 마음을 정하고 실천하고 있는데, 상대에게 버림을 받거나 상대가 바람을 피우는 상황이 계속 이어진다? "새로운 일을 찾자."라고 결심하고 실천하고 있는데, 채용이 되지 않는 상황이 계속 이어진다?

이때는 마음속에 '그렇게 되면 곤란한', '그렇게 되면 뭔가 겁이 나는' 이유가 존재하고 있을 것이다. 그것은 '두려움'이다.

그 두려움을 끌어안은 상태에서는 아무리 단단히 결심을 해도 우주 파이프가 막혀 있는 상태라 꿈이나 바람이 이루어지지 않는 상황만 지속된다.

그런 때야말로 자신과 진지하게 대화를 나눠야 한다. "결혼을 하면 무슨 일이 일어날까?", "다른 일을 선택하면 어떻게 될까?", "행복해지면 뭐가 두려울까?"라고 질문을 던져봐라. 그리고 아무리 두렵다고 해도 피하지 말고 당당하게 맞서 싸워라!

성공한 사람이 역경을
어떻게 이겨냈는지를 봐라

나도 성공하고 싶어서
좋아하는 연예인과
똑같은 가방을 샀어!

그 연예인은
성공하기 전에
그런 가방 없었을걸.

← 할부

성공한 사람의 무엇을 보는지가 포인트다.
'현재'의 말과 행동이 아니라
성공하기 전의 행동을 힌트로 삼아라!

지금 하고 싶은 것을 자유롭게 할 수 있는 사람은 모든 행동을 즐긴다. 그렇기 때문에 "좋아하는 것만 한다."라는 말이 나오는 것이지만 이 말을 듣고 "그래? 좋아하는 일만 하면 되는 거지?"라고 받아들인다면 커다란 오산이다.

그는 지금까지 자신의 내부에 존재하는 '진정한 자신(잠재의식)'의 목소리에 귀를 기울이지 않고 행동도 하지 않아 주문이 이루어진 적이 없는(사실은 전부 이루어진 것이지만) 사람이다. 그런 사람은 성공한 사람, 즉 인생을 자유롭고 행복하게 살아가는 사람의 화려한 현재를 아무리 흉내 낸다고 해도 의미는 없다.

성공한 사람이 인생에서 막다른 장소에 몰렸을 때, 즉 역경을 만났을 때 어떻게 행동했는지를 확인하고 그것을 흉내 내야 한다. 거기에는 반드시 행동이 있다. 행동만이 인생을 바꾼다!

78

롤 모델을 만나
조언을 들어라

사람은 에너지 덩어리다.
에너지는 전염되기 때문에 주의해야 한다.
부정적인 사람과 함께 있으면
당신도 점차 부정적인 사람이 된다.

고민이 많은 사람은 자신과 마찬가지로 고민이 많은 사람과 어울린다. 행복한 사람을 보고 질투하고, 행복해질 것 같은 사람의 발목을 잡는다. 아무리 시간이 흘러도 불행에서 빠져나올 수 없는 위험한 시스템이다.

예를 들어, 결혼하고 싶은 독신 여성이라면 "좋은 남자가 없어.", "그래. 나는 안 돼."라고 한탄이나 하고 있어서는 안 된다.

당신이 상대해야 할 대상은 고민이나 불만만 털어놓는 동료가 아니라 당신 자신의 이상적인 모습이다. 행복해지고 싶다, 자신을 빛나게 만들고 싶다, 일에서 성과를 올리고 싶다… 무엇이든 상관없다. 이상적이라고 생각하는 롤 모델을 만나 조언을 들어야 한다.

자신에게 확실하게 방향이 맞추어지면 스스로를 연마할 수 있고 좋은 파트너를 만날 수 있다. 일도 잘 풀린다. 당신의 이상을 피해서는 안 된다. 이상을 상대하지 않고 피하고 있는 것은 당신 자신이다!

79

고독은 마음이 만든
환상일 뿐이다

혼자 살아가는 사람은 없다.
그러나 각자의 우주 안에서 혼자 살고 있기도 하다.
고독은 마음이 만들어내는 환상이다.

누구나 각자의 우주에서 자신의 생각대로 살고 있다. 그리고 그 우주 안에서 모든 사람들이 연결되어 있다.

그렇기 때문에 사람은 혼자 산다고 해도 고독한 사람은 어디에도 없다. 견디기 어려운 고독감을 느낀다면 그것은 마음이 만들어내는 환상이다.

그 마음에 의지해서 손을 내밀어 누군가의 팔을 잡으려고 하면 상대는 당황하여 떨쳐내려 한다. 그래서 더 고독해진다.

하지만 당신은 우주의 사랑을 받고 있다. 당신이 없다면 세상은 존재할 수 없다. 어느 것 하나 결여되어도 성립될 수 없는, 대략 4천억 분의 1이라는 확률로 당신은 존재하고 있기 때문이다.

당신 자체가 기적 덩어리다. 거기에 비하면 인생 대역전 정도는 간단한 문제다. 그렇게 생각하고 혼자 힘으로 우뚝 서라!

80

'짤랑짤랑' 말버릇으로
우주 은행에 저축해라

내키지 않는 행동을 해야 할 때
중요한 것이 '짤랑짤랑'이라는 말버릇이다.
이 말버릇을 반복할수록
당신의 계좌에는 사랑과 풍요로움이 쌓여간다.

우주로부터 주어지는 힌트라고 해도 "아침에 일찍 일어나!"라거나 "조깅을 해!" 등, 그다지 내키지 않는 행동인 경우가 있다. 그럴 때야말로 '짤랑짤랑'이라는 말버릇을 사용해야 한다.

귀찮다거나 성가시다고 느껴지는 일을 할 때에는 그 일을 하면 할수록 우주에 있는 우주 통장에 돈이 차곡차곡 쌓이는 이미지를 머릿속에 그리고, "짤랑짤랑!" 하고 중얼거려라.

이 말은 막대한 사랑과 풍요로움을 저축하게 되고, 어느 날 커다란 기적이 되어 나타난다. 어떤 식으로 나타날지 기대감을 안고 즐거운 마음으로 기다려라. 조금 귀찮다고 '아, 하기 싫어!'라고 생각하면서 행동하면 주문이 '싫다!'로 바뀌어 모처럼 주어진 기회를 무산시키니까 주의해야 한다.

81

천만 원을 획득하는
주문 방법이 있다

"돈이 필요하다."라는 것만으로는
올바른 주문이 되지 않는다.
언제까지 어느 정도의 돈이 필요하며
그것을 어디에 사용할 것인지 말해야 한다.
우주는 사용처가 명확하지 않으면 신청을 기각한다.

본래의 목적에 초점을 맞추지 않는 한 주문을 보내도 이루어지지 않는 것이 있다.

예를 들면 "천만 원이 들어왔다."라는 주문에는 이루어질 수 있는 것과 그렇지 않은 것이 있다. 어디에 사용할 것인지 알 수 없는 돈을 주문해서는 들어오지 않는다.

그 돈을 사용해서 무엇을 할 것인지, 그 돈을 사용해서 얻을 수 있는 풍요로움을 현실적으로 그려야 그 에너지를 받은 우주가 현실로 이뤄지게 해주기 때문이다.

돈이 들어온 후의 미래를 가능하면 분명하게, 구체적으로 머릿속에 그리고, 필요한 돈의 액수, 기한 등 세밀한 부분까지 확실하게 주문한다.

예를 들어, 여행을 가고 싶다면 거기에 들어가는 경비를 모두 계산해서 주문한다. 구체적이고 현실적일수록 소원은 이루어진다.

82

행동에 브레이크를 거는
'마음의 버릇'을 멈추어라

우주에 주문은 했지만 좀처럼 실행할 수가 없다면
마음의 브레이크가 무엇인지 살펴봐야 할 때다.
마음의 버릇을 깨닫고 고치면 행동 양식도 바뀐다.

우리의 영혼은 우주에 존재하면서 지구에서의 모든 행동을 즐기도록 독려한다.

한편, 마음은 인간이 지구에 태어났을 때 육체를 지키기 위해 정비된 것이다. 따라서 지구에서 살아갈 수 있도록, 내가 태어난 가정이나 환경을 배려하여 안전하게 성장할 수 있도록 다양한 규칙을 만들어간다.

그 규칙은 우리 각자가 자란 환경에서의 '상식'이지만 한번 몸에 갖추어지면 무의식적으로 지키며 살아갈 수밖에 없다. 그리고 성인이 되어 하고 싶은 일이 있어도 규칙 안에서 벗어나지 못해 브레이크를 밟아버린다.

삶을 힘들게 만드는 것은 마음의 버릇과 집착적인 믿음이다. 아무리 열심히 우주에 주문을 보내도 이루어지지 않을 때는 마음에 초점을 맞추고 자신도 모르게 갖추어져 있는 그릇된 규칙이 무엇인지 돌아봐야 한다.

83

고통을 즐기는 타입?
'설정'을 바꿔라

주문을 실현시키려면 실행을 해야 하지만
'견디기 힘든 고생' 등은 굳이 필요 없다.
오로지 고통이 목적인 고생을 하고 있는 것은
아닌지 살펴보자.

주문을 실현시키려면 행동을 해야 하지만 '고생했으니까 행복해질 수 있어.'라는 생각은 커다란 착각이다.

우주는 단순하지만 치밀하다. 소원을 주문하고 행동하면 반드시 이루어진다. 하지만 "죽을 만큼 고생하고 노력해서 간신히 행복해진다."라고 주문을 보낼 경우, 그 주문을 실현시키려면 정말 힘든 고생을 하게 된다.

그렇지 않아도 드라마틱한 연출을 좋아하는 우주인데, 굳이 '죽을 만큼 힘들게 고생해서'라는 식으로 일부러 인생 시나리오에 고생을 첨가할 필요는 없다. "반드시 행복해진다."라고 설정을 '쉽게' 해야 한다. 즐거운 마음으로 주문을 보내고 즐겁게 행동하는 것만으로 충분하다.

"그렇게 해서는 행복해질 수 없어."라는 주문은 우주를 상대로 절대로 해서는 안 되는 말버릇이다!

84

지금 당장 설레는 일
세 가지를 적어라

즐겁다고 여겨지는 일을 생각한다.
인생에서 즐거웠던 적이 한 번도 없는 사람은 없다.
거짓말 같으면 지금 당장 적어보자!

당신은 언제부터 '인생은 즐겁지 않다'고 판단하게 되었을까? 그리고 왜 굳이 즐겁지 않은 일만 찾아 하면서 우울해할까?

당신이 존재하는 곳은 지구라는 이름의 신비한 세상이다. 스릴이나 호러도 일종의 여흥이고 본래 즐겨야 할 대상이다. 당신이 즐겁다고 생각하는 것, 앞으로 하고 싶다고 생각하는 가슴 설레는 것을 지금 당장 세 가지만 적어보자.

아무리 사소한 것이라도 상관없다. '강아지를 보면 미소가 지어진다.', '가로세로 퍼즐을 풀었을 때 쾌감을 느낀다.'라는 식의 작은 즐거움이라도 좋다.

그리고 다 적었으면 반드시 최소한 그중의 하나를 오늘 당장 체험해라. 그리고 "이런 것들이 있어서 인생은 즐거운 거야."라고 말해라.

85

기분이 좋으면
운의 기운도 올라간다

운도 기분이다.
먼저 자신의 기분을 정돈해라.
즐거운 기분을 가져라.
모든 것은 자신으로부터 발신된다.

1초 만에 운을 높이는 방법이 있다. '기분을 좋게 만드는 것'이다. 긍정적인 일, 좋아하는 일 등 즐거운 쪽으로 시선을 돌리면 기분이 좋아진다.

그리고 무슨 일이 생기든지 간에 "나는 운이 좋아!"라고 말한다. 거울 속의 자신이 웃으려면 먼저 웃어야 할 필요가 있듯 행복해지고 싶다면 먼저 "행복해!"라고 말해야 한다.

아무리 사소한 것이라도 상관없다. 행복의 증거를 발견하고 "봐, 이래서 나는 행복하다니까!"라고 말해라. 그렇게 하면 그 순간부터 당신은 최고로 운이 좋은 사람이 된다.

우주는 당신의 에너지를 증폭하고 현실로 이루어준다. 좋은 에너지를 갖추고 있는 사람은 점차 운의 기운이 올라가고 행복해진다. 우주의 구조는 정말 단순하다. 어렵게 생각할 필요가 없다.

맹신의 갑옷을 벗고
유연하게 생각해라

누군가의 문제를 자신의 잣대로 심판하지 마라.
다른 사람을 자신의 규칙에 가두지 않으면
그 누구보다 자신이 자유로워질 수 있다.

우주 안에 존재하는 모든 정보를 흑백으로 분류할 수는 없다. 하물며 당신이 지구에서 쌓은 적은 경험과 지식만으로 다른 사람이나 사건을 하나하나 심판할 필요는 없고, 그럴 수도 없다.

자신과는 다른 가치관이나 사고방식을 보게 되었을 때는 "그건 아니지.", "나를 부정하는 거야?"라고 하나하나 반응하지 말고 "그렇게 생각할 수도 있지."라고 말해라. 그리고 "이 사람의 우주에서는 이것이 상식인 거야."라고 받아들여라.

어떤 사건이든, 어떤 문제든 너그러운 마음으로 일단 받아들이는 훈련을 쌓아라. 누군가를 자신의 잣대로 심판하려 하지 마라. 사람이든 사건이든 심판을 하지 않으면 자유롭고 풍요로운 마음을 유지할 수 있다. 그렇게 해서 자유로워지는 것은 바로 당신 자신이다.

87

과거는 과거일 뿐,
나는 지금 여기에 있다

과거의 나···
고마워!

당신에게 일어났던 과거의 사건은
모두 처리되었다.
이제 당신의 거처는 여기에 있다.
당신이 붙잡는 미래가 과거를 바꾼다.

"그때 이렇게 했다면…", "그 실패만 하지 않았다면…" 등 과거에 대한 후회는 가장 어리석은 행동이다. 자신을 책망하지도 말고, 다른 사람 탓도 절대로 하지 말아야 한다.

당신은 그때 당신이 할 수 있는 것을 최선을 다해 실행했다. 그러니까 이제 당당하게 "내 거처는 지금 여기에 있어."라고 말해야 한다.

인생을 역전시키고 싶다면 당신이 주인공인 인생 영화의 감독이 되어야 한다. 객관적으로 자신의 매력과 강점을 간파하고 가장 멋진 엔딩을 연출해라.

당신의 인생에서는 당신이 감독이고 주연배우다. 당신을 고무시키는 것은 당신이다. 어떤 실패나 후회가 있더라도 지금 당신은 살아 있다. 그리고 살아 있는 한, 인생은 역전이 가능하다.

과거는 되돌릴 수 없지만 당신이 원하는 미래는 당신의 과거조차 바꿀 힘이 있다.

88

남과 비교하지 말고
자신의 우주에서 최고가 되어라

자신에 대해 트집은 잘 잡는다.
하지만 자신의 우주에서 스스로를 최고로
만들려는 노력은 해봤을까?

"나는 못생겼어.", "나는 어차피 안 돼."라고 자신에 대해 트집만 잡으면서 지구에서의 경험을 즐기는 방법을 잊고 있는 것은 아닐까?

당신의 우주에서는 외모도, 능력도, 타인의 평가나 타인과의 비교에 의해 발생하는 콤플렉스도 아무런 의미가 없다. 비교 상대는 본래 존재하지 않기 때문이다.

자신의 우주 안에서 자신을 역사상 최고의 자신으로 만들려는 노력을 해야 한다. 어디까지나 자신의 우주 안에서 비교해야 한다. 자신의 역사상 가장 멋진 자신이 된다면 자연스럽게 다른 사람의 평가도 올라간다.

이것은 당신 자신의 문제다. 영혼은 그 노력이라는 행동에 흥분하며 즐긴다. 그런 사람에게는 기적이 일어난다.

다른 사람과 비교하지 마라. 자신에게만 집중해라!

89

생각 없이 행동하지 말고
'하지 말 것'을 정해라

"이런 것은 하지 않겠다."라고
정하는 것도 일종의 행동이다.
과거의 고루한 가치관에 얽매여 행동하지 말고
현재의 자신이 원하는 것에 집중해라.

'영혼'의 고향은 우주다. 한편, '마음'의 고향은 인간의 육체다. 영혼은 항상 이것저것 즐기려 하지만 마음은 항상 생명을 위협하는 존재에 두려움을 느낀다. 그렇기 때문에 원하는 대로 움직일 수 없다.

그런 상황일 때는 우선 마음의 브레이크를 의심해라! 영혼은 늘 움직이고 싶어 하는 액셀이다. 어떻게 하면 마음이 납득하고 영혼과 같은 방향으로 나아갈 수 있을지를 생각해야 한다.

그러자면 먼저 마음이 어떤 상식에 얽매여 있는지를 알아야 한다. '내가 상식이라고 생각하는 것'을 먼저 적어 보고 눈으로 확인한다. 그것들이 올바른 것인지 붉은 펜으로 점검한다. "다른 사람에게 피해를 끼치면 안 돼.", "돈은 탐욕이야." 등과 같은 브레이크에서 벗어나는 작업은 자신의 마음의 상식을 의심하는 것에서 시작된다.

91

질투를 느낀다는 건
나도 할 수 있다는 힌트다

질투심을 느끼는 것은
사실 '자신도 할 수 있는 것'에 대해서다.
다시 말해 '나도 할 수 있다'는 힌트다!

질투는 본래 자신이 받아야 할 은혜를 누군가가 받은 것에 대한 흔들리는 감정과 집착이다. 보통은 자신과 비슷하거나 자신보다 아래라고 생각했던 사람을 대상으로 질투를 느낀다.

생각해보자. 아랍의 석유 왕을 동경하는 경우는 있어도 질투나 열등감은 느끼지 않을 것이다. 질투나 열등감을 느낀다는 것은 상대를 향해 기분 나쁜 마음을 드러내는 것처럼 보이지만, 사실은 "나도 할 수 있었는데 왜 내가 성공하지 못하고 저 사람이 성공한 거야?", "왜 나는 행동을 하지 않은 거지?"라고 자신에게 불평을 하는 것이다.

그러니까 질투를 느꼈을 때가 기회다. 당신도 거기에 도달할 수 있는 사람이라는 뜻이니까. "나도 할 수 있어."라고 말하고 즉시 행동에 옮겨라!

92

원망이나 복수심 때문에
불행하게 살지 마라

친구 원망
어머니 원망
아버지 원망
선생님 원망
상사 원망
여동생 원망

그것들은 좀
내려놓는 게 어때?

자신을 불행하게 만드는 방법으로
부모에게 복수하는 행동은 당장 그만둬야 한다.
평생 불행한 채로 죽을 생각이 아니라면 말이다.

사람은 마음에 휘둘리는 동물이다. 어린 시절의 부모가 자신이 원한 부모가 아니었다는 이유로, 커서도 부모에게 자신의 이상적인 부모가 되어주기를 바라며 계속 노력하는 사람이 있다.

또는 자신이 불행해지는 것에 대해 "이건 부모님이 나를 제대로 키우지 못했기 때문이야."라고 책임을 지게 하거나 복수를 하려는 사람이 있다.

그러나 이런 감정은 아무런 의미가 없다. 결과적으로 가장 불행해지는 것은 당신 자신이기 때문이다.

"그때 우리 부모님은 그렇게 할 수밖에 없었던 거야."라고 말하고 자신을 부모로부터 해방시켜야 한다. 앞으로는 당신이 원했던 모습이 될 수 있도록 이상적인 인생을 살아야 한다. 당신이 행복해지는 것이야말로 본래 부모에게 보여드려야 할 모습이다.

93

작은 습관 하나를
새로 시작해라

하루는 작은 행동들이 모여 이루어진다.
새롭게 첨가한 작은 행동 하나가
하루를 완전히 다르게 바꾼다.

'사람은 바뀔 수 있다.'도, '사람은 간단히 바뀌지 않는다.'도 모두 옳은 말이다. 사람은 우주에는 없는 '마음'이라는 생명 유지 장치를 가지고 있으며, 마음은 어린 시절에 갖추어진 규칙을 어떻게든 지키려 하기 때문이다.

그러나 절대로 바꿀 수 없는 것은 없다. 그 첫걸음은 말버릇을 바꾸는 것이다. 지금까지 사용했던 부정적인 말버릇은 마음을 드러내는 거울이다. 그러니까 긍정적인 말버릇을 사용하면 인생을 바꾸는 토대가 갖추어진다.

말버릇에 더하여 새로운 습관 하나를 더해보자. 아침에 30분 일찍 일어난다, 아침에 출근하면 동료들에게 무조건 큰 소리로 인사를 한다, 매일 거울을 닦는다 등 무엇이든 상관없다.

매일의 행동은 자신에게 자신감을 갖추게 해주는 좋은 재료다. 작은 도전에 의해 인생의 변화는 가속화된다.

94

우주는 초보자를
환영한다

경험이 없어서 포기한다고?
누구나 처음에는 초보자다!
어떤 일이건 지금 이 순간 시작해라!

마음속에서 "영어를 잘하고 싶어.", "다른 사람 앞에서 노래를 잘 부르고 싶어." 등의 목소리가 들려온다면 즉시 행동에 옮겨라.

할 수 없는 이유가 끊임없이 떠오를 테지만 일단 시작해야 한다. 그것도 지금 당장! 어떤 일이건 너무 늦은 것은 없다. 오히려 지금 이 순간에 시작하면 1년 후에 시작하는 것과 어마어마한 차이가 있다. 망설이지 말고 우선 시작해봐라.

지속할 수 없다면 다른 것에 도전해도 된다. "시도해보았으면 할 수 있었을지도 몰라."보다 "해보았지만 할 수 없었어." 쪽이 인생을 훨씬 빛나게 한다. 사람은 몇 살이 되어도 시행착오를 되풀이한다.

인생은 즐거운 대상을 찾기 위한 모험이다. 진심으로 즐기며 도전하는 사람은 우주의 힘이 반드시 도와준다.

95

우주로부터의 힌트는
순간적인 번뜩임이다

"아, 그렇지!" 하고 문득 떠오른 생각,
이것이야말로 우주로부터 오는 힌트다.
그리고 그 번뜩임은 당신의 주문과 직결된 힌트다.
무슨 일이 일어나더라도 반드시
소원을 실현시키는 쪽으로 향할 것이다.

"무엇이 우주로부터 오는 힌트인지 알 수 없어요."라고 말하는 사람이 있다. 힌트가 무엇인지 알 수 있든 알 수 없든 머릿속에 번뜩이며 떠오른 아이디어가 있다면, 눈에 띄어 마음에 걸리는 것이 있다면 일단 실행해라.

하나하나 '이것이 힌트가 아니면?' 하고 생각하지 마라. 애당초 '힌트면 하겠다. 힌트가 아니라면 하지 않겠다.'라는 마음 자체가 문제다. 일단 실행해보고 '이건 아니야.'라는 생각이 든다면 그다음에 번뜩 떠오르는 생각이나 아이디어를 실행에 옮기면 된다.

힌트는 번뜩이는 순간이 중요하다. 그 후에 떠오르는 '이걸 하면 될까?'라는 생각은 쓸데없는 사고다. 어떤 것이든지 번뜩 떠오른다면 모두 실행해봐라. 우주는 당신의 그런 실행력을 지켜보고 있다.

96

완벽주의를
지금 당장 버려라

우주
사전에

불가능이라는
단어는
없다!

'실패하지 않겠다.'라고 생각하면
그 일을 실행할 수 없도록 인간은 구조화되어 있다.
실패도 주문을 실현시키기 위한
하나의 과정이라는 사실을 명심해라!

"실패하고 싶지 않아."라고 말하는 사람이 많은데, 솔직히 나는 이해할 수 없다. 당신의 영혼은 실패를 포함하여 모든 행동을 즐기고 있는데, 아무런 문제없이 원하는 대로만 진행이 된다면 인생은 점차 재미가 없어진다.

영혼은 실패라는 경험도 즐기기를 원하며, 실행을 해서 실패를 맛보아야 성공하게 되어 있다. 그러니까 "실패하고 싶지 않아."라는 생각 자체를 버려라.

실패는 당연히 따르는 것이다. 실패를 배제할 필요는 전혀 없으며, 성공을 위한 과정으로 즐긴다면 인생은 몇 배나 즐거워진다. 우주는 드라마틱한 전개를 준비해두고 당신을 기적의 소용돌이로 끌어들인다.

97

일단 일주일 동안
불평을 하지 마라

불평불만은 모두 우주로 보내는 주문이다.
인생을 바꾸고 싶다면 그것들을
지금 당장 그만두어라!
이것은 주문 이전의 문제다!

말버릇에는 진심으로 믿고 있는 인생의 대전제가 담겨 있다. 자신을 향한 "시시해.", "역시 안 돼."라는 식의 말도 그렇지만 다른 사람에 대한 부정적인 말도 모두 우주로 보내는 주문이다.

지금부터 1년 동안 불평불만이나 다른 사람에 대한 나쁜 말을 일절 사용하지 말아보자. 1년 후의 인생은 틀림없이 180도 달라져 있을 것이다.

1년이 길면 우선 일주일 동안만 실행해보자. 잠깐이지만 효과를 느끼고 깜짝 놀랄 것이다.

만약 부정적인 생각이 들어서 억제하기 어려울 때는 믿을 수 있는 상대에게만 "이때 이렇게 느꼈어."라고 이야기하며 자신의 기분을 정리하는 것도 좋다. 이렇게 하면 사람들의 언행에 일일이 반응해버리는 나쁜 버릇이 서서히 사라지고 긍정적인 에너지가 쌓인다.

98

과민해졌을 때는
아무것도 하지 말고 기다려라

조용~

불안이나 걱정이 느껴질 때에는 아무것도 하지 마라.
반사적인 행동은 대부분 좋은 결과를 낳지 않는다.
대기 상태로 있는 것도 훌륭한 행동이다.

연애 중에 상대로부터 연락이 없어서 갑자기 커다란 불안감이 느껴진다. 인정받고 싶은 사람으로부터 야단을 맞으면 "버림받고 싶지 않아."라는 심리적 불안감이 커진다. 이때 "지금 당장 어떻게든 해보자."라는 생각에 내키지도 않는, 바람직하지 못한 행동을 하는 사람들이 있다.

이것은 어린 시절에 받은 마음의 상처가 반응하여 상대의 언행을 어머니나 아버지의 언행으로 받아들이고 있는 상태다. 이른바 마음의 스토커다.

이럴 때의 행동은 단 하나, '아무것도 하지 않는' 것이다. 마음속 깊은 불안감이 거두어질 때까지 그대로 대기하는 것이다.

다른 일에 시간을 보내는 식으로 일단 그 사건과 자신의 마음에 거리를 둔다. 사람의 마음은 성가신 존재다. 그 마음에 끌려다니지 않도록, 때로는 아무것도 하지 않고 조용히 기다리는 것도 효과적이다.

99

자신을 제작하는
회의를 개최해라

부정적인 사고에 사로잡혔을 때,
행동을 하려고 해도 움직일 수 없을 때는
내면에 그것을 반대하는 또 다른 자신이 있다는 뜻이다.
이럴 때는 마음속의 다른 자신들과 회의를 개최하여
전원이 찬성하는 소원이 무엇인지 찾아야 한다.

사람에게는 마음이 있다. 그리고 일곱 종류의 인격이 있다. 현재의 자신, 제작자인 자신, 엄한 부모 같은 자신, 순수한 어린아이 같은 자신, 거칠고 반항적인 자신, 모든 것을 내려다보고 있는 중립적인 자신, 핵심을 이루는 진정한 자신이다.

지금 당장 일곱 가지 마음 전체를 한자리에 모아 자신을 제작하기 위한 회의를 개최해라. 그리고 자신의 내부에 존재하는 일곱 명 모두가 "좋아! 그거라면 할 수 있어. 그건 멋진 주문이야!"라고 말해주는 자신의 진정한 바람을 발견해라.

당신에게는 늘 일곱 명의 동료가 있다. 어떤 기회가 찾아오든 즉시 "좋아, 해보자!"라고 말해주는 최강의 팀은 불안해지거나 드림 킬러에게 무릎을 꿇지 않는다.

당신은 결코 혼자가 아니다. 팀을 이루어 도전해라!

100

인생은 언제든지 역전시킬 수 있다

"실패하면 어떻게 하지?"라고?
우선 지금까지 잘 살아왔다는 것을 떠올려라.
앞으로의 인생은 언제든지 역전시킬 수 있다!

왜 이렇게 기가 죽어 있는가? 인생은 오락이다. 어떤 상황도 당신에게 주어진 최고로 즐거운 장면이다. 지금 빚투성이라고 해도, 능력이 부족해서 야단을 듣는다 해도, 고통스러운 순간을 보내고 있다고 해도 두려워하거나 겁먹을 필요는 없다.

당신의 외부에 대해서는 두려워할 것이 아무것도 없다. 당신이 두려워해야 할 것은 당신의 내부에서 당신이 만들어내는 공포다.

우선 지금까지 잘 살아왔다는 것, 그 덕분에 앞으로 기회를 얻을 수 있다는 사실에 감사해라. 당신의 우주는 어느 누구에게도 상처받지 않는다. 당신만의 소유라는 인식을 가져라.

누가 뭐라고 하든, 어떤 상황이든지 간에 얼마든지 도전할 수 있다. 그것이 이 지구다. 지금부터라도 상관없다. 머릿속에 떠오르는 힌트를 즉시 행동으로, 최선을 다해 실천해라!

에필로그

안녕하세요. 고이케 히로시입니다. 인사를 드리고 보니 벌써 마지막 페이지군요.(웃음)

이 책이 여러분이 행동에 나설 수 있는 힌트이자 계기가 되기를 진심으로 바랍니다. 앞부분에서 우주님이 폭로했지만 주문을 하고 이상적인 미래를 결정한 이후의 내게는 아무리 사소한 것들이라고 해도 모두 힌트였습니다.

할 수 있는 것은 모두 하겠다고 결심하고 실천했고, 그 결과 인생은 실천을 하고 행동을 하면 원하는 것을 얻을 수 있다는 결론을 얻었습니다.

아, 저도 '도움이 되는 책' 많이 읽었습니다. 빚이 아직 상당히 남아 있었을 때에 수백만 원이나 하는 심리학 강좌를 수강하러 간 첫날, 책을 펼치자 "그렇습니다. 이것이 미래를 향한 첫걸음입니다!"라는 글이 있었습니다. 그 글을 보고 큰 힘을 얻었던 기억이 있습니다.

"1분만에라도 인생은 바꿀 수 있다."라는 말은 맞는 말이라고 생각합니다. 마음을 정하면 바뀌니까요. 여러분은 어떻게 결정하고 어떻게 행동하고 어떻게 바뀌었는지 궁금합니다. 부디 제게도 여러분이 크게 변화된 과정을 들려주십시오!

고이케 히로시

우주님의
1분 스파르타

운이 풀리는 행운 수첩

초판 1쇄 발행 2020년 10월 19일
초판 2쇄 발행 2023년 9월 11일

지은이 | 고이케 히로시
그린이 | 아베 나오미
옮긴이 | 이정환
펴낸이 | 한순 이희섭
펴낸곳 | (주)도서출판 나무생각
편집 | 양미애 백모란
디자인 | 박민선
마케팅 | 이재석
출판등록 | 1999년 8월 19일 제1999-000112호
주소 | 서울특별시 마포구 월드컵로 70-4(서교동) 1F
전화 | 02)334-3339, 3308, 3361
팩스 | 02)334-3318
이메일 | book@namubook.co.kr
홈페이지 | www.namubook.co.kr
블로그 | blog.naver.com/tree3339

ISBN 979-11-6218-121-8 03190